Karim Choukair

Frettchen
als Haustiere

Alles über Anschaffung, Pflege, Ernährung,
Krankheiten und Zucht

Aktualisierte, erweiterte und neugestaltete Ausgabe
6. Auflage

Mit 100 Farbfotografien bekannter Tierfotografen
und Frettchen-Liebhaber

Tierärztliche Beratung:
Dr. med. vet. Kai Weber

Zeichnungen:
Carsten Simon

© 1989 by KACH-Verlag, Hanau

Dieses Buch ist urheberrechtlich geschützt. Jede Verwertung außerhalb der engen Grenzen des Urheberrechtsgesetzes ist ohne schriftliche Zustimmung des Verlages unzulässig und strafbar. Das gilt insbesondere für Vervielfältigungen, Mikroverfilmung und die Einspeicherung sowie die Verarbeitung auf elektronischen Systemen.

Impressum:

© Layout & Gestaltung:
Hotline Creative Werbeagentur, Hanau
Repro:
Profil Design
Bernd R. Korn, Hanau
Druck:
Ingra Druck, Hanau

Printed in Germany
Gedruckt auf holzfreiem Papier

6. Auflage 1997

ISBN 3-927810-03-7

Dieses Buch ist über jede Buchhandlung zu beziehen. Sollte dies wider Erwarten Schwierigkeiten machen, wenden Sie sich bitte direkt an:

KACH-Verlag

Pfaffenbrunnenstr. 172
D-63456 Hanau/Steinheim
Telefon: (06181) 650 398
Telefax: (06181) 650 399
Internet: http://www.Frettchen.de
email: Frettchen@internetdienste.de

Hinweis:

Die Deutsche Bibliothek- CIP Einheitsaufnahme

Choukair, Karim:

Frettchen als Haustiere: Alles über Anschaffung, Pflege, Ernährung, Krankheiten und Zucht / Karim Choukair. - 6.Aufl. - Hanau: KACH-Verl., 1997

ISBN 3-927810-03-7

Einband Titelseite - „Iltisfrettchen"
Foto von Manfred Danegger.
Umschlagseite 2 - „Albinofrettchen"
Foto von Axel Gomille
Umschlagseite 3 - „Siamfrettchen"
Foto von Wolfgang Tscharntke

Bildquellenverzeichnis:

Manfred Danegger: Seite 11.
Horst Bielfeld: Seiten 8,22,29,35,58,69,88
Petra Klotz: Seiten 9,16 o.
Ulrich Kerkmann: Seiten 12,20,38,60, 74,76,77,80,82,84,85,87
Axel Gomille: Seiten 6,13,15,18,19,21,26,27,30,34,39, 40,42,43,46,47,50,53,54,55,59,66,67,70,95
Monster Models, Soren Thinggard: Seite 32
Monster Models, Pernille West: Seiten 44,86
Sollerod Trope + Nicolai Perjesi: Seiten 41,57,65,68,69,71,90-94
Thomas Großkopf: Seite 79
Karim Choukair: Seite 16 u.,23,36,83,89,96,99

Zeichnungen und Karikaturen:
Carsten Simon, Hamburg
Colorierung: Hotline Creative, Hanau

Inhaltsverzeichnis

Vorwort
Vorwort zur 6. Auflage 7

Überlegungen vor der Anschaffung
Was ist ein Frettchen? 8
Wissenswertes über Frettchen 8
Kleine Frettchenkunde 9
Die Abstammung des Frettchens 10
Wichtige Körpermerkmale 11
Paßt ein Frettchen zu Ihnen ? 12
Rüde oder Fähe als Haustier? 13
Was kostet ein Frettchen? 14
Glücklicher allein oder zu zweit? 14
Kinder und Frettchen 17
Frettchen und andere Haustiere 17
Wohin mit dem Tier im Urlaub? 20
Im Auto, im Zug und im Flugzeug 21
Urlaubspflege 21
Im Zoofachgeschäft, im Tierheim 23

Ratschläge für den Frettchenkauf
Wo kauft man Frettchen? 24
Worauf Sie achten sollten 24

Unterbringung und Ausstattung
Allgemeines 25
Die Schlafkiste 28
Der richtige Standort des Käfigs 29
Was man sonst noch braucht 31
Futter- und Trinknäpfe 31
Die Frettchenleine 33
Die Sache mit der Klokiste 35
Die geeignete Transportkiste 35

Haltung und Pflege
Die Eingewöhnung 36
Der tägliche Umgang 37
Freilauf und Beschäftigung 39
Gefahren im Haus 40
Haar- und Körperpflege 41
Sollten Frettchen gebadet werden? 45
Das Krallenschneiden 48
Reinigung von Käfig und Zubehör 49

Inhaltsverzeichnis

Ernährung

Das richtige Futter 51
Fertigfutter und Zubereitetes 52
Was Sie sonst noch füttern können 53
Proteine (Eiweißstoffe) 55
Kohlenhydrate 56
Fette 56
Kalzium, Phosphor und Vitamin D 56
Vitamin A 57
Vitamin E 57
Vitamin B-Komplexe 57
Trinkwasser und Futterzeiten 58

Gesunderhaltung und Krankheiten

Vorbeugen ist der beste Schutz 61
Die ersten Krankheitszeichen 61
Entwurmung 62
Impfungen gegen Infektionen 62
Impfplan für Frettchen 62
Tollwut 63
Staupe 63
Kastration 63
Botulismus 64
Influenza 64
Flöhe 64
Zecken 64
Milben 64
Haut und Haarkleid 65
Vergiftungen und Fremdkörper 66
Augenkrankheiten 67
Zahnstein 67
Durchfall 68
Verletzungen 68
Erkrankung der Nebennierenrinde 69
Herzerkrankungen 69
Entfernung der Analbeutel 71
Schmerzloses Töten 71

Inhaltsverzeichnis

Zucht und Vermehrung

Kontrollierte Zucht 72
Züchtersprache 72
Fachausdrücke 72
Überlegungen vor der Zucht 73
Die Auswahl der Zuchttiere 75
Das Fortpflanzungssystem 75
Die sexuelle Aktivität der Fähe 76
Die sexuelle Aktivität des Rüden 77
Die Paarung 77
Hyperöstrogenismus - Dauerranz 79
Tragzeit und Geburt 81
Die Entwicklung der Welpen 84
Mutationen 88

Das Frettchen im Verein

Allgemeines 95
Mitglied im Frettchen-Verein 96
Rassemerkmale 97
Grundlagen für die Bewertung 97
Farbschläge 98
Angora-Frettchen 99

Anhang

Adressen, die weiterhelfen 100
Quellenverzeichnis 101
Deck-Wurf-Tabelle 102

Vorwort

Ein Leben ohne Tiere kann ich mir heute nicht mehr vorstellen. Seit meiner frühesten Kindheit bestimmen Tiere mein Leben. Früher hielt ich Zwergkaninchen, Enten und Hühner. Heute leben unser alter Boxer, drei Perserkatzen und etliche Frettchen in trauter Eintracht in unserem Haus zusammen.

Besonders aber den Frettchen habe ich in den letzten Jahren große Aufmerksamkeit geschenkt. Sie waren mir eigentlich immer durch die Jagd meines Onkels bekannt, doch richtig vertraut wurde ich mit ihnen, als ich mir vor einigen Jahren mein erstes Iltisfrettchen aus einer Zoohandlung zulegte. Enzo, so wurde der kleine Rüde getauft, wurde der Star in unserer großen Tierfamilie. Er durfte überall umherkriechen, mit dem Hund spielen, auf der Couch schlafen und im Schrank die Wäsche „aufräumen". Er stellte noch viele weitere Dummheiten an, an die ich heute gerne zurückdenke. Ich glaube, daß es gerade diese koboldartigen Scherze sind, die Frettchen so interessant für

den Tierfreund machen, der ein Tier pflegen möchte, das nicht nur teilnahmslos in seinem Käfig vor sich hinvegetiert. Leider gab es zu Beginn meiner Frettchenzucht nur wenig Informationen über Pflege, Unterbringung und Fütterung der possierlichen Iltisabkömmlinge, so daß die Ratschläge, die ich Ihnen in diesem Buch vermitteln möchte, fast alle durch eigene Erfahrungen begründet sind.

Um möglichst vielen Tierfreunden, die sich ein Frettchen zulegen möchten, helfen zu können, habe ich meine gesammelten Erfahrungen in Form des vorliegenden Buches aufgeschrieben und hoffe, daß dieser Ratgeber nicht zuletzt den Frettchen zugute kommt, die es sicherlich verdient haben, artgemäß gepflegt zu werden, da sie uns den Alltag durch ihr immerzu aufgewecktes Wesen bestimmt ein wenig verschönern. Ich würde mich freuen, wenn ich die Erwartungen, die in dieses kleine Buch gesetzt werden, erfüllen und möglichst viele Ihrer Fragen zum Thema Frettchen als Haustiere beantworten könnte.

Zum Schluß möchte ich allen lieben Menschen danken, die mich bei der Entstehung meines Buches durch Rat, kritische Stellungnahme und nicht zuletzt durch manuelle Hilfe unterstützt haben.

Karim Choukair
Hanau, im August 1989

Vorwort zur 6. Auflage

Bereits zum sechsten mal wird „Frettchen als Haustiere – Alles über Anschaffung, Pflege, Ernährung, Krankheiten und Zucht" aufgelegt. Sie halten nun eine überarbeitete, erweiterte und neugestaltete Ausgabe in den Händen.

Die praxisbezogenen Ratschläge werden nun durch etliche neue Farbfotos illustriert. Professionelle Tierfotografen und passionierte Frettchen-Liebhaber sind mit der Kamera auf die Pirsch gegangen. Dabei ist es ihnen gelungen, die kleinen Kobolde in ihrem „Frettchen-Alltag" auf verschiedenste Art und Weise fotografisch einzufangen. Das Ergebnis kann sich sehen lassen: Ideal ergänzen die farbigen Abbildungen die Informationen des Textes.

Neu ist, daß Sie Auszüge aus diesem Fachbuch nun auch im Internet finden. Unter der Adresse **www.Frettchen.de** finden Sie Interessantes rund um das Thema Frettchen.

Mit meinem Buch hatte – und habe – ich die Absicht, Frettchen-Freunden zu vermitteln, was das Besondere ist, einen solchen Hausgenossen sein Eigen zu nennen und wie er artgerecht gehalten, gefüttert und gesundgepflegt wird, sollte er doch einmal krank werden. Anscheinend ist es mir gelungen, dies alles in einfacher und verständlicher Weise auszudrücken.

Als das Buch das erste mal im Herbst 1989 auf den Markt kam, lasen etliche Frettchen-Freunde mit Begeisterung ein Fachbuch, das es bis dahin noch nicht gab. Zahlreiche Frettchenbesitzer und solche, die es werden wollten, schrieben mir, daß ihnen die Aufmachung und Verständlichkeit des kleinen Buches gefällt, und daß sie Interessantes und Wissenswertes über Ihr Hobby erfahren haben. Seit dem Erscheinen konnte die Lektüre des Buches manche Aufklärungsarbeit zum Thema Frettchen leisten. Immer wieder erhalte ich freundliche Post lieber Leser, die beschreiben, daß sie dadurch das Haustier Frettchen besser kennengelernt haben und schließlich deren Natur und Eigenarten verstehen konnten.

Das Frettchen hat sich in den vergangenen Jahren einen festen Platz in den Heimen der Tierfreunde erobert. Aus den Interessengruppen Ende der achtziger Jahre sind mehrere eingetragene Vereine entstanden. Diese fördern durch ihre aktive Arbeit das Haustier Frettchen und erweisen sich als kompetente Helfer in vielen Fragen rund um die Marderartigen.

Bleibt zu wünschen, daß alle Interessierten weiterhin Gefallen an dieser Neuauflage finden werden. Nicht zuletzt möchte ich Herrn Dr.med.vet. Kai Weber aus Püttlingen für seine Aktualisierung der Kapitel Ernährung und Krankheiten danken.

Ihr

Hanau, im Oktober 1997

Überlegungen vor der Anschaffung

Was ist ein Frettchen?

Immer wieder werde ich von interessierten Menschen gefragt, was denn eigentlich ein Frettchen sei. Beim Spazierengehen mit dem Frettchen wird man des öfteren von verblüfften Passanten angesprochen, mit welchem außergewöhnlichen Tierchen man denn da durch den Wald streife. Als Frettchenbesitzer kennt man Äußerungen wie „Ist das ein Marder?" oder „was für ein niedlicher Hamster" und sogar „das ist doch ein Hund, nicht wahr?". Klärt man den Unwissenden darüber auf, daß es sich um ein Frettchen handelt, weiß er oft nicht einmal, was dies für ein Tier ist. Dennoch erfreut sich das Frettchen in den letzten Jahren immer größerer Beliebtheit als Haustier, da es mit einigem Geschick gar nicht so schwer zu halten ist und weil es sehr zahm wird, so daß es fast wie ein Hund oder eine Katze als treuer Hauskamerad in der Wohnung oder im Freien untergebracht werden

kann. Trotzdem ist noch weitgehend unbekannt, woher das Frettchen stammt, zu welcher Tierart es zählt und wie es gefüttert und gepflegt wird.

▲ *Noch immer ungewöhnlich:*
Das Frettchen als Haustier.

Wissenswertes über Frettchen

Das Frettchen ist wissenschaftlich gesehen die domestizierte Form des Iltis. Frettchen (mustela putorius furo) und Iltis (mustela putorius) gehören zur Raubwildfamilie der Marder (musteli-

dae). Zur Familie der Marder gehören auch die Wieselartigen (mustelinae), die wiederum in die Gattung der Erd- und Stinkmarder (mustelae) zu unterteilen sind. Zu einer weiteren Untergattung der Mustelae gehören unter anderem auch der Iltis und das Frettchen. Der Stammvater des heute bekannten Frettchens ist wahrscheinlich der europäische Waldiltis (mustela putorius). Das Frettchen ist nichts weiter als eine durch jahrhundertelange Zähmung und Züchtung in Gefangenschaft entstandene Haustierform des Waldiltis. Es stellt einen durch Mutation entstandenen albinotischen Typ (Weißling) des Iltis dar. Albinos sind Tiere, die ohne jegliche Farbpigmente geboren werden, so daß Fell oder das Federkleid reinweiß sind und ihre Augen durch die pigmentfreie Regenbogen- und Netzhaut rot erscheinen. Wissenschaftlich betrachtet kann nur die Albinomutation (mustela putorius furo) als Frettchen bezeichnet werden. Die unter dem Namen Iltisfrettchen bekannten Tiere sind Kreuzungsprodukte aus Albino und dem wilden Iltis. Diese Tiere tragen weitgehend die typischen Fellzeichnungen des Iltis und sind durch die jahrelange Zucht heute genauso zahm und als Haustier geeignet wie das Albinofrettchen. In letzter Zeit sind etliche neue Mutationsfarben durch selektive Züchtung entstanden, so daß dem Heimtiermarkt noch weitere hübsche Farbfrettchen zur Verfügung stehen. Über diese Mutationen werde ich noch im Kapitel „Zucht und Vermehrung" berichten.

Kleine Frettchenkunde

Schon bevor die Katze als Mäuse- und Rattenfänger eingesetzt wurde, war den Menschen das Frettchen als geschickter Ungezieferräuber bekannt. Da der Iltis besonders flink und schnell den Hof von einer Mäuseplage befreite, begann man planmäßig, Iltisse zu züchten, um sie in Gefangenschaft jederzeit zur Jagd verwenden zu können. Bald versuchte man, Frettchen zur Jagd auf Wildkaninchen einzusetzen, da sie als besonders kleine Jagdgehilfen schnell und unkompliziert durch die unter der Erde liegenden Kaninchenbaue stöbern können und so die Kaninchen zur Flucht veranlassen. Die vor den Bauen postierten Jäger sind nun in der Lage, die flüchtenden Kaninchen zu erlegen.

Bereits Aristoteles berichtet im 4. Jahrhundert vom Frettchen, welches er „Ictis" nennt, daß es gerne Honig und Vögel fresse sowie ein hilfreicher Jagdgefährte sei.

▲ *„Frettieren" nennen Jäger die Bejagung der Kaninchen mit Hilfe des Frettchens.*

Plinius (23 bis 79 n.Chr.) erwähnt in seinen Briefen, daß Kaiser Augustus einige „Viverrae" auf die Balearen schickte, um der dort herrschenden Kaninchenplage ein Ende zu machen. Als die Römer mit ihren Eroberungszügen später das Wildkaninchen mitbrachten, kam wahrscheinlich auch der Iltis nach Europa, demzufolge auch das Albinofrettchen. Im 13./14. Jahrhundert, so ist aus Quellen bekannt, wurde ein weißes, marderähnliches Tier vorwiegend in Deutschland und England zur Kaninchenjagd verwendet.

Wo das Frettchen zuerst auftrat, ist kaum noch nachzuvollziehen, da an vielen verschiedenen Orten des Mittelmeerraumes der Iltis und sein weißer Abkömmling schon früh gehalten und gezüchtet wurden. Es ist aber eindeutig, daß dort, wo eine größere Zahl von Wildkaninchenpopulationen lebte, stets auch Frettchen gehalten wurden.

Die Abstammung des Frettchens

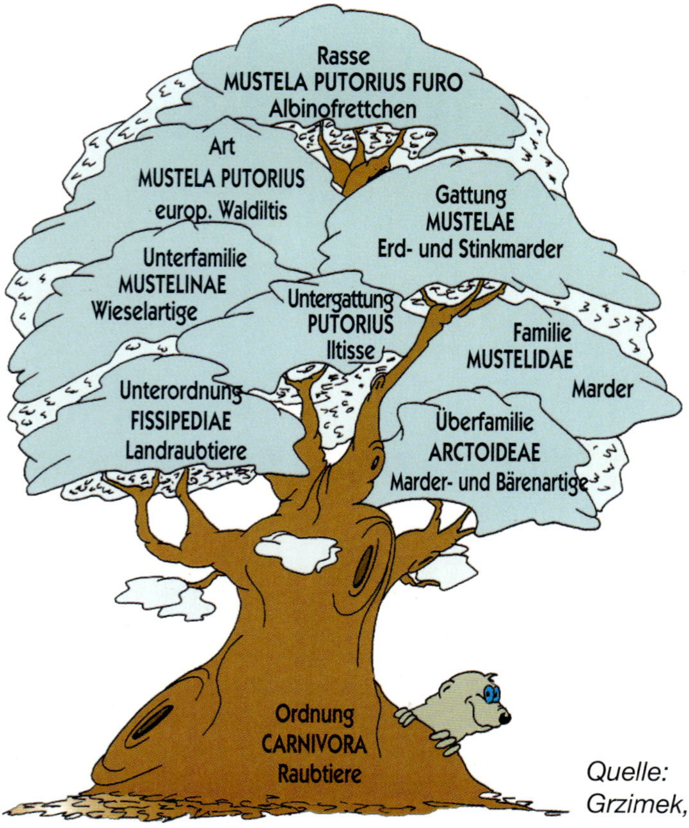

Rasse
MUSTELA PUTORIUS FURO
Albinofrettchen

Art
MUSTELA PUTORIUS
europ. Waldiltis

Gattung
MUSTELAE
Erd- und Stinkmarder

Unterfamilie
MUSTELINAE
Wieselartige

Untergattung
PUTORIUS
Iltisse

Familie
MUSTELIDAE
Marder

Unterordnung
FISSIPEDIAE
Landraubtiere

Überfamilie
ARCTOIDEAE
Marder- und Bärenartige

Ordnung
CARNIVORA
Raubtiere

Quelle:
Grzimek, 1972

10

Wichtige Körpermerkmale

Das Frettchen ähnelt in seinem Körperbau dem freilebenden Waldiltis. Es ist langgestreckt und muskulös, steht auf kurzen, stämmigen Branten, die jeweils fünf Zehen aufweisen. Der Kopf besteht aus einem relativ kurzen Gesichtsschädel, der nach vorne hin spitz zuläuft. Die Nasenspitze soll sowohl beim Albinofrettchen als auch beim Iltisfrettchen fleischfarben sein. Die Rute (Schwanz) ist behaart, läuft zum Ende hin spitz zu und erreicht nicht die Hälfte der gesamten Körperlänge.

Der Körper mißt bei zierlichen Fähen etwa 25 bis 40 cm, Rüden dagegen werden oft bis zu 60 cm lang. Das Gewicht beträgt bei Fähen 550 bis 850 Gramm, Rüden werden meist bis 1900 Gramm schwer. Es fällt auf, daß es in der Körpergröße und der Gewichtsmasse erhebliche Schwankungen zwischen Rüde und Fähe gibt. Diese geschlechtsgebundene, unterschiedliche Ausprägung von Körpermerkmalen, wie z.B. Größe, Gewicht oder Haarkleid, wird allgemein als Geschlechtsdimorphismus bezeichnet. Die Nase und die Augen sowie die Ohren des Frettchens sind verhältnismäßig klein und unauffällig ausgebildet. Die Ohren sind nicht vom Kopf abgesetzt, sondern liegen fest am oberen Schädelbereich an. Im Gegensatz zum verwandten Marder ist der gesamte Kopf kleiner ausgebildet, die Anzahl von 34 Zähnen beim Frettchen und 38 Zähnen beim Marder verdeutlicht diesen Unterschied.

▲ *Frettchen stammen vom Waldiltis ab.*

11

Paßt ein Frettchen zu Ihnen?

Bevor Sie sich ein Frettchen als Haustier anschaffen, sollten Sie an folgende Arbeiten und Verpflichtungen denken, die notwendig sind, um ein Frettchen artgemäß halten zu können und Freude an dem Tier zu haben.

Frettchen werden etwa acht bis zehn Jahre alt. Dies ist eine lange Zeit, in der Sie das Tier täglich mit allem versorgen müssen, um es gesund zu erhalten. Frettchen bekommen täglich zwei Fütterungen. Sie sollten mindestens ein bis zwei Stunden Freilauf je Tag genießen dürfen.

Haben Sie an die anderen Familienmitglieder gedacht? Ist wirklich jeder mit dem neuen Hausgenossen einverstanden? Auch der Vermieter Ihrer Wohnung? Gelegentlich, wenn auch nicht oft, hinterläßt das Frettchen kleine Pfützen oder Kothaufen auf dem Teppich und geht nicht in die aufgestellte Klokiste. Was passiert während Ihres längeren Urlaubes oder Krankenhausaufenthaltes mit dem Tier? Haben Sie einen zuverlässigen Bekannten, der das Frettchen solange versorgt? Was tun, wenn das Frettchen einmal krank wird? Bei unsachgemäßer Handhabung zwickt das Frettchen auch schon mal. Verstehen Sie dies, oder haben Sie davor Angst? Frettchen sind Haustiere, die von verantwortungsvollen Tierfreunden gehalten werden müssen. Nur wer sich im klaren darüber ist, wieviel Arbeit ein solcher Hausgast macht, wird auf Dauer Freude an ihm haben. Wenn Sie gewissenhaft über meine Fragen nachgedacht haben und dennoch davon überzeugt sind, daß es ausgerechnet ein Frettchen sein muß, so lesen Sie aufmerksam weiter. Bereiten Sie alles Nötige für das Frettchen vor, damit es sich von Anfang an bei Ihnen wohlfühlt.

▲ *Freilauf unter Aufsicht ist sehr zu empfehlen.*

▲ *Frettchen werden sehr zutraulich.*

Rüde oder Fähe als Haustier?

Hat man sich dazu entschlossen, ein Frettchen aufzunehmen, kommt meist die Frage auf, ob es ein weibliches oder männliches Tier sein soll. Es gilt zunächst, daß sowohl Rüden als auch Fähen gleichermaßen zahm werden. Welche Kriterien sprechen aber nun für einen Rüden, welche für eine Fähe? Die neben dem After liegenden Analdrüsen sind bei den Erd- und Stinkmardern besonders ausgeprägt. Beim Frettchen kommt hinzu, daß diese Stinkdrüsen vor allen beim Rüden stark ausgebildet sind, so daß ein männliches Frettchen streng riecht. Die Stinkdrüsen der Fähe sind nicht besonders ausgeprägt, folglich ist die Geruchsbelästigung durch Fähen deutlich geringer als durch Rüden. In der Ranz, der Fortpflanzungszeit der Frettchen, ist die Funktion der Stinkdrüsen verstärkt, die Tiere, besonders die Rüden, verbreiten dann einen leicht strengen Wildgeruch. Er ist allerdings nicht so penetrant wie derjenige freilebender Marder. Wie schon erwähnt, sind Rüden wesentlich stärker, das heißt größer als die zierlichen Fähen. Es ist daher eine Geschmacksfrage, ob man lieber einen Rüden oder eine zierlichere Fähe als Heimtier halten möchte. Sowohl Rüde als auch Fähe stellen die gleichen Anforderungen was die Käfiggröße, die allgemeine Pflege und die Fütterung angeht.

▲ *Der Größenunterschied zwischen Rüde und Fähe ist bemerkenswert.*
Links im Bild ein kräftiger Rüde, rechts eine zierliche Fähe.

13

Was kostet ein Frettchen?

Frettchen werden heutzutage von Züchtern, Tierheimen und auch von gut geführten Zoofachgeschäften verkauft. Der Preis für ein Jungtier im Alter von etwa acht bis zwölf Wochen liegt je nach Farbe, Geschlecht und Region zwischen DM 100,— und DM 200,—. Für besonders hübsche und seltene Mutationsfrettchen wird ein höherer Preis verlangt. Die täglich anfallenden Kosten für Futter, Streu und Zubehör betragen etwa DM 2,— bis DM 3,— pro Frettchen. Tierheime dagegen geben ihre Frettchen, die oft aber schon älter sind, gegen eine kleine Geldspende an den neuen Besitzer ab. Tiere, die bei der Abgabe schon schutzgeimpft sind, kosten mehr als ungeimpfte Welpen.

Glücklicher allein oder zu zweit?

Frettchen sind von Natur aus gesellige Tiere. Sie tollen gerne zu zweit und zu mehreren in ihrem Käfig herum und genießen es regelrecht, aneinandergekuschelt in ihrer Schlafkiste zu dösen. Ein einzeln gehaltenes Frettchen benötigt sehr viel mehr Zuwendung und Auslauf als Tiere, die zu mehreren in einem Käfig gehalten werden. Das Leben eines Zuchtpaares kann sehr harmonisch und ohne größere Probleme verlaufen. Die Partner fressen gemeinsam, putzen sich gegenseitig und verteidigen ihr Revier, in unserem Fall den Käfig, gemeinsam gegen Eindringlinge. Wenn irgendwie möglich, halten Sie zwei Frettchen. Zwei Tiere benötigen nicht viel mehr Platz und Futter als ein einzeln gehaltenes Frettchen. Haben Sie sich dazu entschlossen, zwei Tiere bei sich aufzunehmen, dann sollten Sie auf folgendes achten. Rüden vertragen sich meist nicht, wenn man sie gemeinsam hält. Sie sollten zur Zucht mit den für sie vorgesehenen Fähen gehalten werden.

Auch zwei Fähen könnten sich in der Paarungszeit gegenseitig stören, so daß es zu Beißereien und Kämpfen kommen kann. Jedoch sind auch etliche Fälle bekannt, wo zwei und mehr Fähen ohne Schwierigkeiten zusammenleben.

Die optimale Lösung ist es, ein Paar zu halten. Eine Frettchen-Ehe verläuft ohne Probleme, und wenn Sie nicht unbedingt Jungtiere aufziehen möchten, sollten Sie den Rüden im Alter von etwa neun Monaten als auch die Fähe (s.a. Dauerranz, S.79) bei einem Fachtierarzt kastrieren lassen. Dieser kleine weitgehend unkomplizierte chirurgische Eingriff ermöglicht es Ihnen, das Paar das ganze Jahr über gemeinsam unterzubringen, ohne daß es zu einer unkontrollierten Vermehrung kommt.

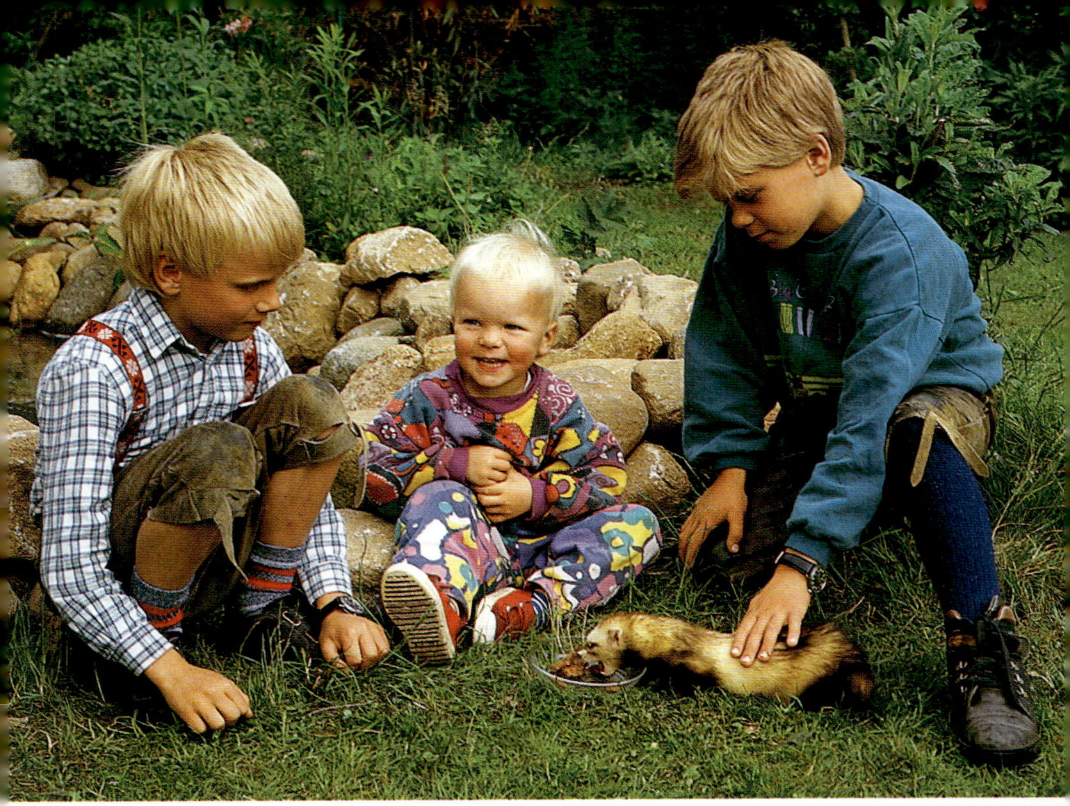

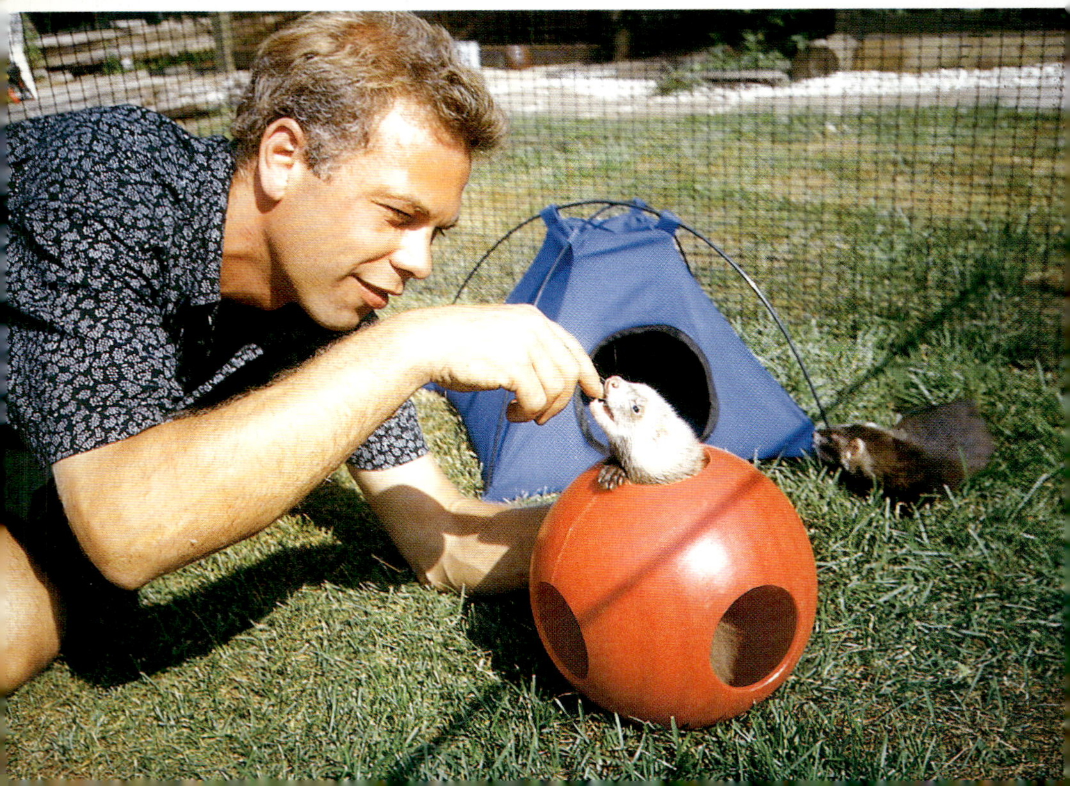

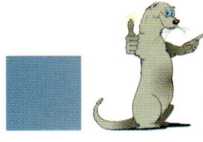

Kinder und Frettchen

Frettchen sind keine Spieltiere für Kinder, trotzdem kann man Kinder mit Frettchen vertraut machen, wenn sie mindestens zehn Jahre alt sind. Die Kinder sollten über Eigenarten und Verhaltensweisen der Frettchen genauestens unterrichtet werden, da bei falscher Handhabung das Frettchen aus Angst oder Erschrockenheit zuschnappen kann. Haben die Kinder gelernt, mit dem Frettchen richtig und vertrauensvoll umzugehen, kann das Frettchen auch für Kinder ein interessanter Hausgenosse werden. Helfen die Kinder Ihnen beim täglichen Füttern und Pflegen der Tiere, lernen sie schon früh, Verantwortung gegenüber einem lebenden Wesen zu übernehmen. Psychologen befürworten sogar, Kinder schon frühzeitig mit Tieren in Kontakt zu bringen, um sie so mit einer verantwortungsvollen Aufgabe zu beschäftigen.

Frettchen und andere Haustiere

Es kommt nicht selten vor, daß Tierfreunde, die schon andere Haustiere besitzen, sich fragen, ob und mit welchen anderen Tieren das Frettchen zusammen leben kann.

Zierfische, ständig in Terrarien gehaltene Amphibien und Reptilien können ungehindert mit Frettchen zusammen gehalten werden. Problematischer wird es, wenn das Frettchen, das ja ein Raubtier ist, mit Nagetieren wie Hamstern, Meerschweinchen, Mäusen oder Kaninchen in einem Haushalt wohnen soll. Das Frettchen sieht diese als Jagdbeute an und würde solche Haustiere angreifen und sogar töten. Dies ist verständlich, schließlich lebt ein Waldiltis von Nagetieren. Das Frettchen hat diesen Jagdtrieb geerbt. Es wird sich bei Gelegenheit genauso verhalten wie der Iltis.
Frettchen und Nagetiere dürfen deshalb auf keinen Fall gemeinsam Freilauf genießen. Auch der Käfig der „Beute" muß ausreichend gesichert sein, damit das Frettchen ihn nicht öffnet und es zum tragischen Unfall kommen kann.

◆ *Foto auf Seite 15:*
Bei Frauchen auf der Schulter fühlt sich diese Fähe sichtlich wohl.

◆ *Foto auf Seite 16 o.:*
Im Garten des Tierfreundes können sich die Kinder schnell mit dem Frettchen anfreunden. Dann wird der Marderartige schnell zum Familientier.

◆ *Foto auf Seite 16 u.:*
Je mehr man sich um einen Welpen kümmert, desto zahmer wird das erwachsene Frettchen.

Harlekin-Frettchen

Albino-Frettchen

Steppeniltis-Frettchen

Iltis-Frettchen

Einfacher ist es, Frettchen an Hunde und Katzen zu gewöhnen. Erwerben Sie einen Frettchenwelpen, so ist dies besonders günstig für ein problemloses Zusammenhalten. Zeigen Sie dem Hund oder der Katze den Käfig des Frettchens und sprechen Sie dabei beruhigend mit den Tieren. Wiederholen Sie diesen Vorgang einige Male, bis Sie das Frettchen direkt mit Hund oder Katze in Kontakt bringen. Zeigen Sie den Tieren, daß sie keine Angst voreinander haben müssen, und füttern Sie sie gemeinsam . Meist gewöhnen sich Hunde und Katzen sehr schnell an Frettchen, so daß es keine Probleme gibt, sie gemeinsam zu halten.

Ich selbst besitze einen Hund und drei Katzen, die ich auf diese Weise aneinander gewöhnt habe und die ohne weiteres zusammen in der Wohnung oder im Garten frei laufen. Lassen Sie die Tiere in der Anfangszeit noch nicht zu lange unbeaufsichtigt zusammen, erst wenn Sie sicher sind, daß sie sich aneinander gewöhnt haben, können Sie davon ausgehen, daß es nicht zu Auseinandersetzungen kommt.

Wohin mit dem Tier im Urlaub ?

Frettchen vertragen eine Reise und den damit verbundenen Klimawechsel recht gut. Sie können also durchaus mit in den Urlaub genommen und am Urlaubsort im Zimmer der Pension in einem Urlaubskäfig gehalten werden. Dennoch sollten Sie bedenken, daß der Frettchengeruch nicht für jeden Urlauber in einem Hotel so selbstverständlich ist, wie für Sie als Frettchenbesitzer. Es ist zu überlegen, ob man das Frettchen also nicht lieber einem verantwortungsbewußten Nachbarn oder Verwandten während des Urlaubs in Pflege gibt.

Möchten Sie das Frettchen aber trotzdem mit in den Urlaub nehmen, so erkundigen Sie sich früh genug bei der Hotel- oder Reiseleitung, ob Frettchen mit in das Hotel gebracht werden dürfen. In vielen Fällen aber dürfte es keine allzu große Schwierigkeit sein, das Frettchen mitzunehmen.

Bei Auslandsreisen sollten Sie sich über das Reisebüro erkundigen, welche Formalitäten (Gesundheitsbescheinigung durch den Tierarzt, internationaler Impfausweis etc.) zu erfüllen sind, damit Sie Ihr Frettchen über die Grenze und wieder zurück bringen können.

▲ *Mit dem Frettchen auf Reisen.*

Im Auto, im Zug und im Flugzeug

Wenn Sie nun eine Reise mit dem Frettchen geplant haben, sollten Sie alles Nötige mitnehmen, was das Tier auch sonst braucht. Käfig, Futter, Katzentoilette und Streu, Futter-, Wasserschälchen und eventuelle Vitaminpräparate gehören zur kleinen Reiseausstattung.

Fahren Sie mit der Bahn, dann bringen Sie das Tier in einem Transportkasten unter, wie es ihn im Handel für Katzen gibt. Wichtig ist, daß er genügend Luftlöcher hat, damit das Frettchen, das ohnehin schon aufgeregt ist, ausreichend Sauerstoff bekommt. Wenn Sie im Auto reisen, sollte das Frettchen ebenfalls in einem Transportkäfig untergebracht werden, damit es den Fahrer nicht in eine lebensgefährliche Situation bringt, wenn es zwischen den Pedalen umherläuft. Der Beifahrer kann besonders zahme Tiere an der Leine auf dem Schoß unterbringen. Während einer längeren Autofahrt sollten Sie öfter eine Pause einlegen und das Frettchen mit etwas Trockenfutter und Wasser versorgen.

Bei Flugreisen müssen Sie sich vor dem Abflug bei der Luftfahrtgesellschaft erkundigen, ob und unter welchen Bedingungen Sie das Frettchen mit an Bord nehmen dürfen. Viele Luftfahrtgesellschaften erlauben es, Tiere mit in das Flugzeug zu nehmen, wenn Sie sie früh genug anmelden und in einem speziellen Transportkäfig unterbringen, einer sogenannten „Pet box", die Sie kostenlos am Schalter der Passagierabfertigung erhalten.

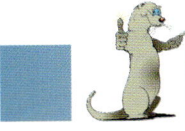

Urlaubspflege

Wenn Sie das Frettchen lieber zu Hause in seiner gewohnten Umgebung und seinem eigenen Käfig lassen möchten, wäre es ideal, wenn ein Verwandter oder Bekannter das Tier mit allem Nötigen versorgt. Zeigen Sie dem Urlaubspfleger schon rechtzeitig vor der Abreise, was das Frettchen alles benötigt. Unterrichten Sie den Pfleger, wie und wann das Tier sein Futter bekommt, wie die Klokiste und der Käfig gereinigt werden und welche Besonderheiten das Frettchen hat (Medikamentengaben, zusätzliche Vitamine).

Entwerfen Sie einen Urlaubsplan auf dem genau vermerkt ist, was das Tier während Ihrer Abwesenheit alles benötigt und welcher Tierarzt im Notfall zu verständigen ist. Sie sollten auch darauf achten, daß Sie genügend Futter im Haus haben, damit dem Pfleger die Arbeit möglichst einfach gemacht wird.

Im Zoofachgeschäft, im Tierheim

Finden Sie niemanden, der Ihr Frettchen während des Urlaubs sorgfältig versorgt, besteht die Möglichkeit, das Tier in ein Zoofachgeschäft oder ein Tierheim zur Pflege zu geben. Rechtzeitige Anmeldung ist nötig, denn es steht meist nur geringer Raum für Pflegetiere zur Verfügung. Wenn Sie das Frettchen in ein Zoofachgeschäft bringen, müssen Sie in der Regel den Käfig des Tieres mit abgeben. Erkundigen Sie sich vorher, ob das Personal des Zoofachgeschäftes auch wirklich die ausreichenden Kenntnisse hat, um Frettchen pflegen zu können oder ob dort noch nie ein Frettchen aufgenommen wurde.

In Tierheimen steht für Urlaubsgäste meist ein gewisser Platz zur Verfügung. Die Frettchen werden dort in Hundezwingern gehalten. Tierpfleger in Tierheimen sind oft schon mit der Pflege von Frettchen vertraut, so daß Sie Ihr Tier unbedenklich in ein Tierheim zur Urlaubspflege geben können. Vorteilhaft ist auch, daß viele Heime einen eigenen Tierarzt beschäftigen, der nach der Gesundheit der Urlaubsgäste schaut. Für die Pflege in Tierheimen und Zoofachgeschäften wird ein Pflegesatz pro Tag verlangt, der zwischen DM 10,— und DM 15,— schwankt.

▲ *Frettchen sind gesellige Tiere, die gerne mit ihren Artgenossen zusammen sind.* ◆ *Foto auf Seite 22: Frettchen sind flink und sehr verspielt.*

Ratschläge für den Frettchenkauf

Wo kauft man Frettchen?

Frettchen werden von privaten Züchtern direkt über Annoncen in der Fachpresse angeboten. Die Interessengemeinschaften der Frettchenzüchter und -Liebhaber in verschiedenen Großstädten Deutschlands führen außerdem eine Kartei von Züchtern, die Jungtiere aufziehen und an verantwortungsvolle Menschen verkaufen. Die Vereine helfen Ihnen auch bei den Vorbereitungen für die Unterbringung und Pflege der Frettchen. Die Adressen der Vereinigungen habe ich im Anhang des Buches aufgeführt.

Weiterhin bieten gut geführte Zoofachgeschäfte Frettchen zum Verkauf an oder sind bei der Suche eines Züchters behilflich. Auch Wildparks und der Zoologische Garten geben manchmal Frettchen ab.

Worauf Sie achten sollten

Kaufen Sie nach Möglichkeit ein Jungtier, einen sogenannten Welpen. Ein Welpe wird im Alter von etwa acht bis zwölf Wochen von der Mutter und den Wurfgeschwistern getrennt.

Jungtiere werden meist sehr schnell zutraulich und gewöhnen sich von klein auf an die Pflege- und Bezugsperson. Wichtig ist aber vor allem, daß Sie beim Kauf auf folgende Punkte achten, damit Sie kein krankes oder bissiges Frettchen erwerben.

Nehmen Sie sich Zeit und schauen Sie sich mehrere Tiere bei verschiedenen Züchtern oder Liebhabern an.

Ein gesundes Frettchen ist munter und lebhaft. Es wird neugierig auf Sie zukommen, an seinem Käfiggitter hochlaufen und an Ihrem Finger schnuppern, um so ersten Kontakt mit Ihnen aufzunehmen. Achten Sie darauf, daß das Tier gesund ist. Es soll einen klaren Blick haben und keine verklebten oder verwundeten Augen. Das Fell muß glänzend sein und sich weich anfühlen. Untersuchen Sie das Tier auf Ungeziefer im Fell. Es darf kein sichtbarer Dreck und Staub im Fell hängen. Stark haarendes Fell oder solches mit kahlen Stellen und Bißwunden läßt auf eine Krankheit schließen. Kaufen Sie solche Tiere auf keinen Fall.

Die Aftergegend muß frei von Kot oder sonstigen Ausscheidungen sein. Ein verschmutzter After weist nämlich auf eine Durchfallerkrankung hin. Die Ohrmuscheln und die Krallen sollten ebenfalls frei von Dreck und sichtbarem Ungeziefer sein. Auf keinen Fall darf das Frettchen apathisch in seinem Käfig sitzen und sofort fauchen, wenn Sie sich dem Tier nähern. Solche Beißer sind oft unter schlechten Umständen aufgewachsen. Sie werden nie richtig zutraulich und zahm, was ja das Wichtigste ist, wenn man ein Frettchen als Haustier halten möchte.

Das ideale Hausfrettchen wird ruhig und interessiert auf Ihrer Hand sitzen und es sich gerne gefallen lassen, wenn Sie es streicheln und mit ihm reden.

Achten Sie auch auf die Käfiganlagen des Züchters. Ein gewissenhafter Züchter hält seine Tiere in großräumigen, hellen und luftigen Frei- oder Zimmergehegen, die peinlichst sauber gehalten werden. Ein Züchter, der seine Tiere in viel zu kleinen, heruntergekommenen Käfigen hält, wird auch keine Frettchen verkaufen, die sich als zahme Haustiere eignen. Fragen Sie den Züchter ruhig aus, wie er seine Tiere füttert, wieviel Freilauf sie genießen und was er für das künftige Leben des Frettchens alles empfiehlt.

Unterbringung und Ausstattung

Allgemeines

Frettchen benötigen für ein artgerechtes Leben einen großen Käfig und eine dazugehörige Schlafkiste. Viele Interessenten, die sich ein Frettchen anschaffen möchten, sind der Meinung, daß ein Frettchen keinen Käfig braucht und daß es wie eine Katze frei in der Wohnung gehalten werden kann. Dies ist nicht zu empfehlen, da Frettchen, die ein „freies" Wohnungsleben führen, überall umherkriechen. Kein Kleiderschrank, kein gedeckter Tisch oder die Blumenfensterbank ist vor dem kleinen Raubtierchen sicher.

Sie interessieren sich für alles, was in der Wohnung so steht und verschonen nichts, was sich ausräumen, herunterwerfen oder öffnen läßt. Es ist demnach verständlich, daß ein Frettchen sein eigenes Revier in Form eines großen Käfigs braucht. Leider bieten nur wenige Zoofachhändler geeignete Käfige an. Somit ist man als Frettchenbesitzer auf sein eigenes handwerkliches Geschick angewiesen, um einen artgerechten Käfig zu bauen. Der Käfig sollte die Mindestmaße pro Tier von 120 x 60 x 60 cm aufweisen.

Punktgeschweißter Gehegedraht eignet sich für einen stabilen Frettchenkäfig am besten. Solcher ist in allen größeren Baumärkten zu haben. Dieser Gehegedraht ist feuerverzinkt und somit weitgehend rostfrei, so daß er ohne weiteres auch für Freigehege verwendet werden kann. Die Maschenweite des Drahtgeflechts sollte nach Möglichkeit 16 mm bis 18 mm betragen und der Draht eine Stärke von mindestens 1 mm bis 3 mm haben.

Besonders bewährt hat sich ein Käfig, dem ein Vierkantlattengerüst zugrunde liegt. Die Holzlatten müssen etwa 20x45 mm stark sein und werden auf das genannte Mindestmaß, oder besser noch größer, zurechtgesägt und mittels Eisenwinkeln verschraubt. An die-ses Gerüst werden nun die zurecht geschnittenen Drahtelemente mittels eines Tackers oder kleinen Nägeln so befestigt, daß ein ausbruchsicherer Käfig entsteht. Die Tür, mit den Maßen von etwa 40x40 cm, wird ebenfalls aus solchen Holzlatten hergestellt und mit Draht bespannt. Der Boden des Käfigs kann mit einem passenden wasserdichten PVC-Belag oder Fliesen ausgelegt werden, auf denen das Frettchen unbedenklich laufen kann. Wer kein handwerkliches Geschick hat, kann einen solchen Käfig auch über die Gehegebaufirma Franz Jonas aus Herresbach beziehen. Die Firma Jonas gilt als seriös und fertigt artgerechte Gehege nach Ihren Wünschen und Maßen. Im Anhang habe ich die genaue Adresse aufgeführt.

▲ *Foto o.: Schlafkiste, Toilette und Futternapf gehören zur Grundausstattung eines Frettchengeheges.* ◆ *Foto auf Seite 27: Dreistöckiger Käfig für mehrere Frettchen. Die Stockwerke sind durch Leitern miteinander verbunden.*

Die Schlafkiste

Der freilebende Iltis bewohnt Baue, die unter der Erde liegen. Er ist ein Höhlenbewohner, legt seinen Futtervorrat dort an und bringt seine Jungen hier zur Welt.

Das Frettchen benötigt eine Art Höhlenersatz in Form einer Schlafkiste, die man leicht selbst bauen kann. Die Schlafkiste sollte etwa die Maße 35x30x35 cm haben und wird am besten aus Fichtenmassivholz, das eine Stärke von etwa 2,5 cm hat, gefertigt. Die einzelnen Elemente sind fest miteinander zu verschrauben und das Dach mit Scharnieren anzubringen. Soll das Gehege im Freien stehen, müssen alle Holzelemente des Käfigs ausreichend mit einem umweltfreundlichen Lack imprägniert werden.

Die Schlafkiste kann auch ein Tischler nach Ihren Maßen bauen. Wichtig ist nur, daß ein Einschlupfloch für das Frettchen ausgesägt wird, welches einen Durchmesser von 7-8 cm haben sollte. Steht der Käfig im Freien, so muß die Schlafkiste zusätzlich mit Styroporplatten isoliert werden. Bewährt hat sich der Einbau eines Windfanges. Man befestigt ein passendes Holzbrett im Inneren der Schlafhütte und läßt 10 cm Spielraum als Durchgang zum eigentlichen Ruheplatz. Als Polstermaterial eignen sich Baumwolltücher sehr gut. Im Winter sollten Sie die Schlafkiste gut auspolstern, damit sich das Frettchen ein wärmendes Nest bauen kann.

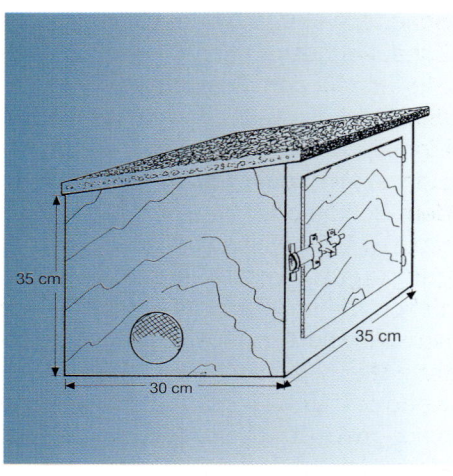

▲ *Die Schlafkiste ist ein Höhlenersatz für Frettchen.*

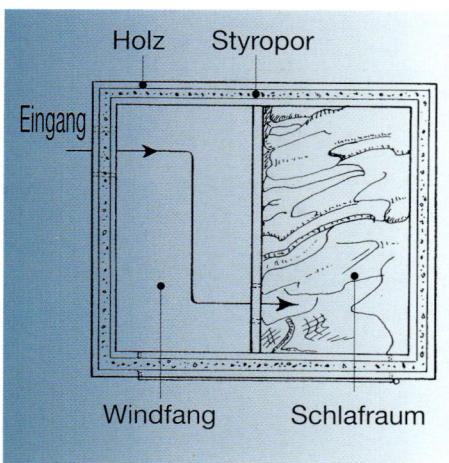

▲ *Innenaufteilung der Schlafkiste.*

Der richtige Standort des Käfigs

Schon bevor das Frettchen sein neues Zuhause bezieht, sollte der richtige Standort für den Käfig ausgewählt werden. Es gibt zwei Möglichkeiten hierfür. Einmal, den Käfig in der Wohnung selbst aufzustellen oder ihn im Freien, auf dem Balkon oder im Garten zu plazieren. Die Außenhaltung ist der Unterbringung in geschlossenen Räumen vorzuziehen, da in geschlossenen Räumen schnell eine Geruchsbelästigung auftreten kann. Vorteilhaft ist es, den Käfig wetterfest zu bauen und ihn dann in einer geschützten Lage im Garten, auf einem überdachten Balkon oder Freisitz aufzustellen. Geeignet ist ein Platz, auf den auch die Sonne scheinen kann, da sich Frettchen gerne in die warme Mittagssonne legen und ein Sonnenbad regelrecht genießen.

Steht ein separater, luftiger und heller Raum zur Verfügung, kann das Frettchen auch innerhalb des Hauses gehalten werden. Der Raum, in dem das Frettchen leben soll, muß nach Möglichkeit zugfrei und trocken sein und darf im Sommer nicht heißer als 30 Grad Celsius werden, da das Frettchen sonst einen Hitzschlag erleiden kann.

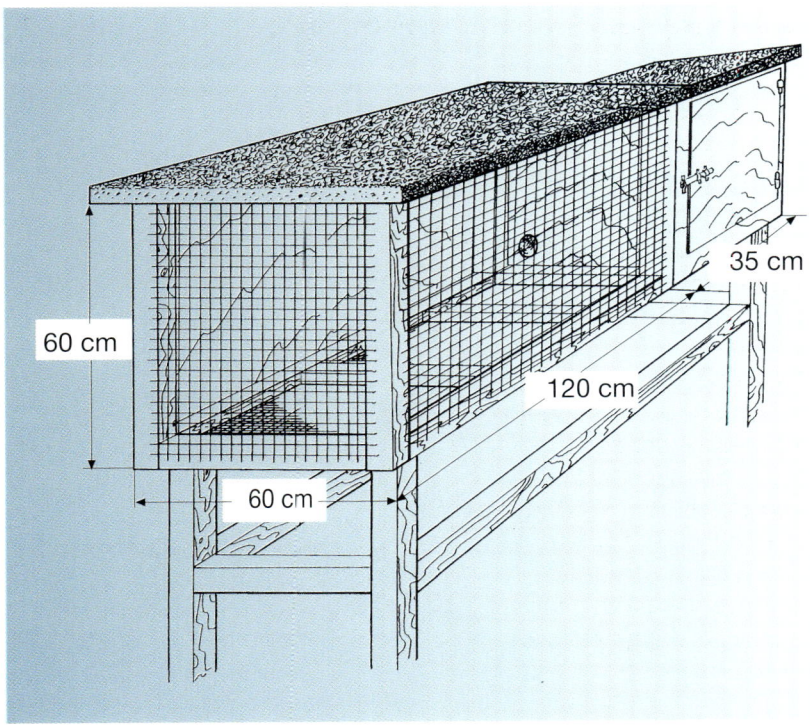

▲ Skizze: Gehege mit seitlich zu öffnender Schlafkiste.

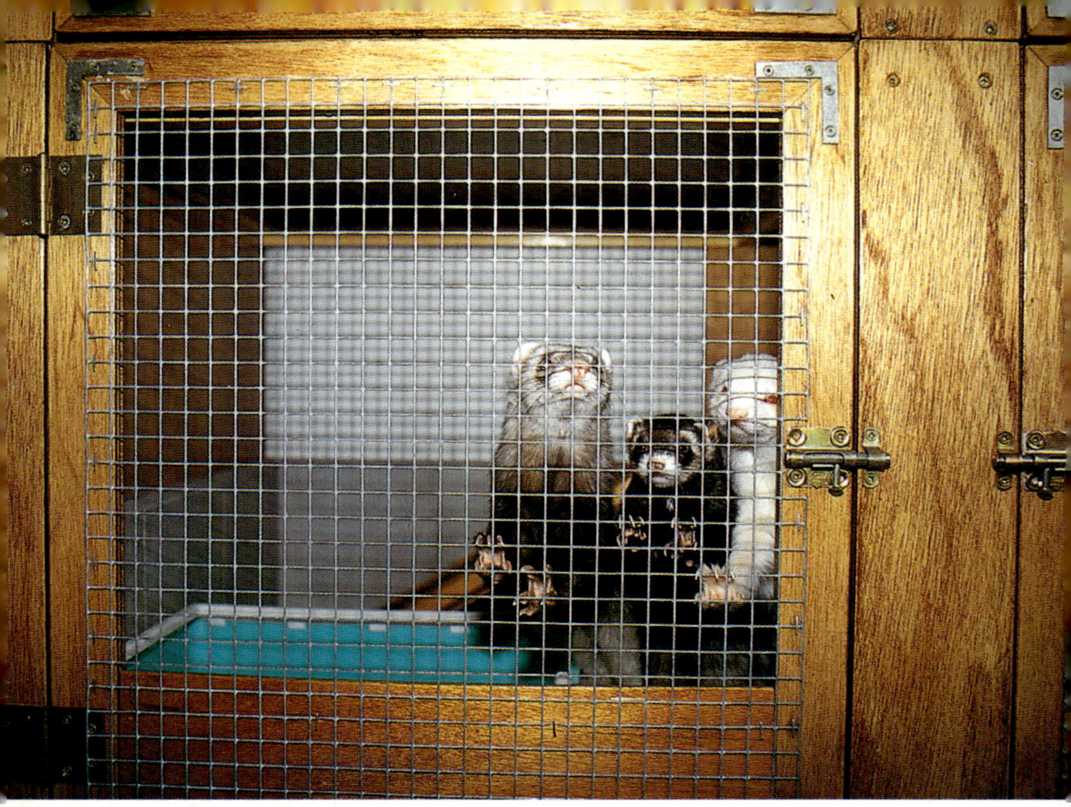

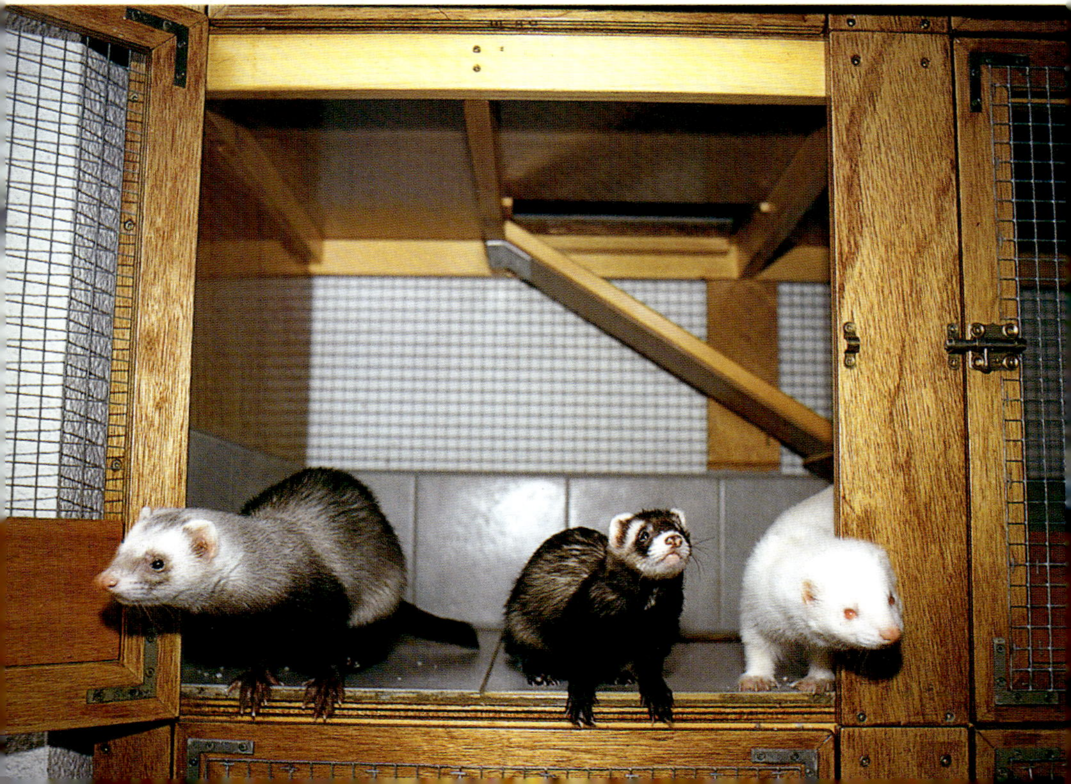

Was man sonst noch braucht

Frettchen benötigen noch einige wenige Dinge, damit sie sich bei Ihnen richtig wohlfühlen.

Der Boden des Frettchengeheges besteht, wie schon erwähnt, aus einem PVC-Belag oder ähnlichem wasserfesten Material. Eine Einstreu wie Sägespäne oder Heu ist nicht zu empfehlen, da die Tiere diese nur unnötig aus dem Käfig scharren und wenn sie ihr Futter darin wälzen, leicht an einem Darmverschluß erkranken können.

Die Schlafkiste allerdings kann man mit trockenem Stroh auspolstern, was besonders im Winter für ein Freigehege wichtig ist. Dann müssen die Schlafkisten randvoll mit Nistmaterial ausgepolstert werden, damit die Tiere nicht erfrieren. Im Wohnungsgehege allerdings empfiehlt es sich, die Schlafkiste nicht mit Stroh oder Ähnlichem zu polstern, sondern mit sauberen Baum-

wolltüchern auszulegen, aus denen sich die Frettchen ihr Nest selbst fertigen. Frotteetücher sind nicht geeignet, da sich die Tiere in den kleinen Schlaufen gefährlich verfangen können.

▲ *Handelsübliche Nippeltränken werden von Frettchen gerne benutzt.*

Futter- und Trinknäpfe

Als Futter- und Trinknäpfe haben sich glasierte Tongefäße oder schwere Plastikschüsseln bewährt. Diese standfesten Näpfe erhalten Sie in jedem Zoofachgeschäft oder den Zooabteilungen der großen Kaufhäuser. Leichte Aluminiumgefäße sind weniger geeignet. Sie werden beim Fressen von den Frettchen schnell umgeworfen. Auf diese

Weise landet das Futter nicht im Frettchenmagen, sondern auf dem Käfigboden. Auch sogenannte Nippeltränken, die im Fachhandel für Nagetiere angeboten werden, benutzen viele Frettchen gerne. Darüber hinaus bleibt das Wasser in solchen Tränken länger sauber und frisch als in offenen Schälchen.

◆ *Foto auf Seite 30 o. und u.: Neugierig warten die Kobolde auf ihr Futter und begrüßen ihre Bezugsperson stürmisch.*

Die Frettchenleine

Frettchen kann man sehr schnell und einfach an eine Leine gewöhnen. Viele Frettchen genießen es, wenn man mit ihnen durch den Wald oder auf sonstigen ruhigen Plätzen spazierengeht. Ein im Fachhandel erhältliches Katzengeschirr aus weichem Verloursleder ist bestens für Frettchen geeignet. Meist sind die angebotenen Geschirre etwas zu lang für ein kleines Frettchen, so daß man es auf die richtige Länge kürzen muß, damit es dem Frettchen paßt. Legen Sie das Geschirr vorsichtig an und achten Sie darauf, daß Sie es nicht zu stramm anziehen. Eine Fingerbreite sollte zwischen Frettchen und Geschirr noch frei sein. Zum Angewöhnen empfiehlt es sich, dem Frettchen das Geschirr einige Male während seines täglichen Freilaufes anzulegen. Hat sich das Tier daran gewöhnt, können Sie erste Versuche machen, mit dem Frettchen im Garten oder auf einer unbelebten Straße spazieren zu gehen. Die meisten Frettchen lernen schnell, an der Leine mitzulaufen, so daß man dem Frettchen eine Freude bereitet, indem man es möglichst oft mit auf einen Spaziergang nimmt.

Oft werde ich gefragt, ob man Frettchen auch unbeaufsichtigt – ganz ohne Leine – im Freien laufen lassen könne. Ich bin der Meinung, daß es bedingt empfehlenswert ist. Zwar sind Frettchen zahm und hören auch auf ihren Rufnamen, dennoch bleiben sie Raubtiere, die nicht an eine feste Bezugsperson gebunden sind und somit, wenn sie nicht an der Leine geführt werden, schnell entlaufen und nicht mehr zurückkehren.

◆ *Foto auf Seite 32:*
Frettchen können sehr anhänglich und verschmust werden.

▲ *Gewöhnt man Frettchen schon im Welpenalter an Brustgeschirr und Leine, werden sie schnell leinenführig.*

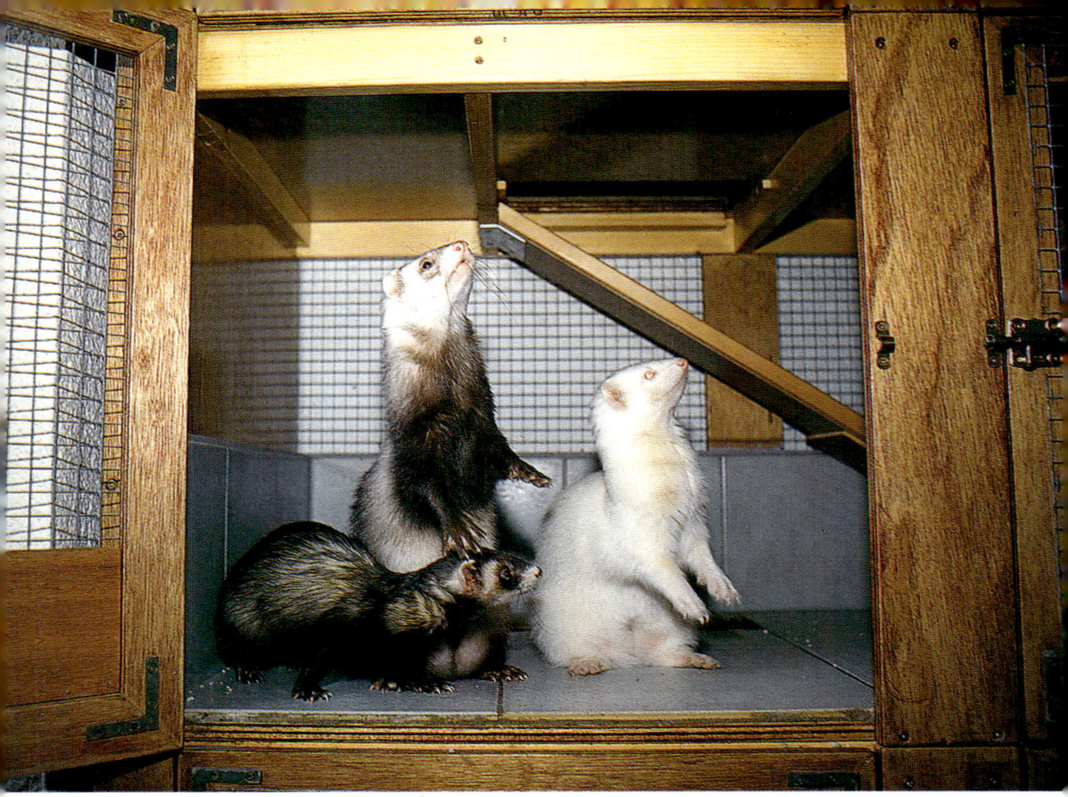

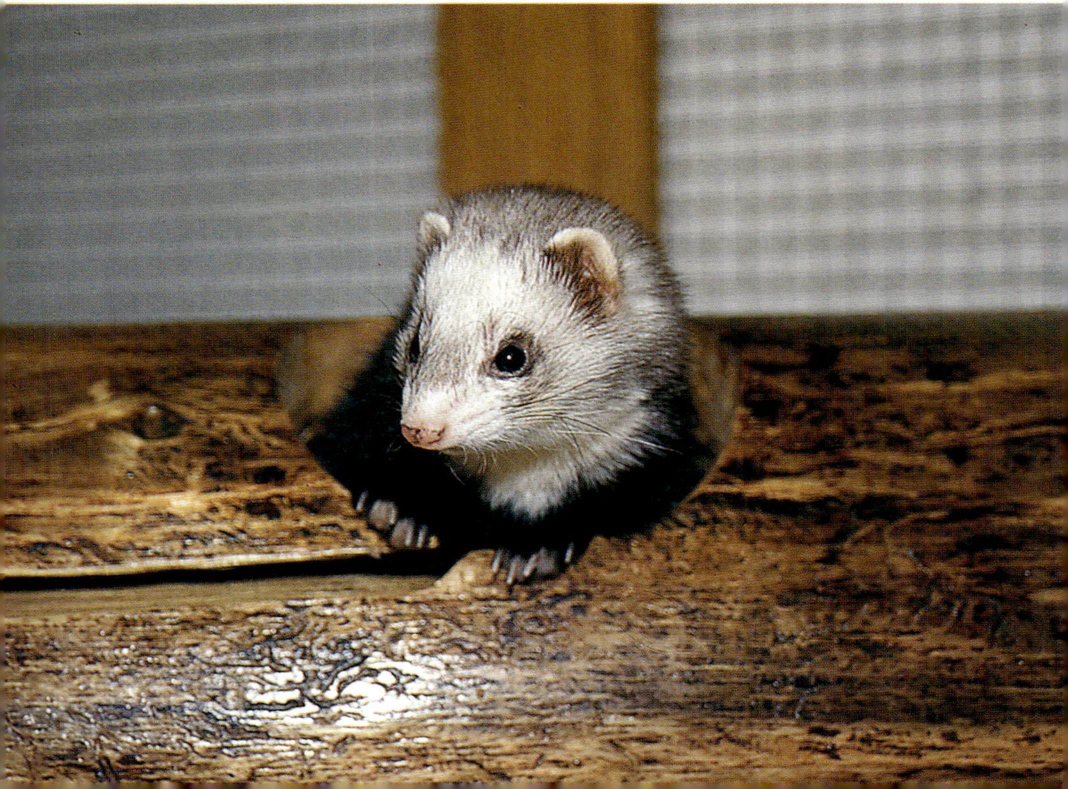

Die Sache mit der Klokiste

Frettchen sind sehr saubere Tiere. Sie verrichten ihr Geschäft immer nur an ein und derselben Stelle im Käfig. Beim Kot- und Urinabsatz schieben sie ihr Hinterteil in eine bestimmte Ecke des Käfigs, die als fester Losungsplatz bestimmt ist. Diese Eigenart des Frettchens kann man ausnutzen und die Tiere zur ausschließlichen Benutzung einer Klokiste erziehen. Eine im Fachhandel angebotene Plastikschale, eine sogenannte Katzentoilette, wird im Käfig aufgestellt und mit einem handelsüblichen Katzenstreu gefüllt. Schnell begreifen die Frettchen, daß diese Kiste für sie als Losungsplatz bestimmt ist und verrichten ihre Notdurft nur hier. Die Klokiste sollte täglich mittels einer kleinen Schaufel von Kot- und Urinresten gesäubert werden, um den Käfig hygienisch sauber zu halten und ansteckende Krankheiten zu vermeiden. Lassen Sie Ihr Frettchen frei in der Wohnung laufen, müssen Sie ebenfalls eine Klokiste aufstellen, die das Frettchen während des Freilaufs benutzen kann, um dort, und nicht auf dem Teppich, sein Geschäft zu verrichten.

Die geeignete Transportkiste

Für den Besuch beim Tierarzt benötigen Sie eine geeignete Transportkiste. Sie können das Frettchen in einem Behälter aus Kunststoff transportieren, so wie es ihn im Fachhandel etwa für Katzen gibt. Ein Plastiktransportkasten hat den Vorteil, daß er, wenn er durch Kot und Urin verunreinigt wird, schnell und unproblematisch wieder gesäubert werden kann. Er ist handlich, hygienisch und leicht. Während eines Transportes sollten Sie dem Frettchen einige Baumwolltücher in den Transportkasten geben, damit es sich auch hier wohlfühlt und sich gegebenenfalls verstecken kann.

▲ *Transportkiste aus Kunststoff*

◆ *Foto auf Seite 34 o.: Die Tür des Frettchen-Geheges sollte sich weit öffnen lassen, damit man die Tiere jederzeit gut greifen kann.*
◆ *Foto auf Seite 34 u.: Ein ausgehöhlter Baumstamm wird gerne als Spielzeug benutzt.*

Haltung und Pflege

Die Eingewöhnung

Wenn Sie Ihr Frettchen endlich beim Züchter abholen, ist in den ersten Tagen der Eingewöhnung auf einige Punkte zu achten. Setzen Sie das Frettchen während der Heimfahrt in den vorbereiteten Transportkasten. Falsch wäre es, das Tier auf dem Schoß zu transportieren. Sprechen Sie beruhigend auf das Frettchen ein und streicheln Sie es gegebenenfalls. Schon jetzt können Sie es bei seinem Rufnamen nennen, damit es sich von Anfang an an ihn gewöhnt. Zuhause angekommen, ist der Käfig schon mit Futter und Wasser vorbereitet, auch die Schlafkiste sollte mit Nistmaterial ausgepolstert sein. Setzen Sie das Tier behutsam in sein neues Heim, streicheln Sie es ein wenig und reden Sie mit ihm. Auch wenn das Frettchen den Sinn Ihrer Worte nicht versteht, so nimmt es doch die beruhigende Wirkung Ihrer Stimme auf. Denken Sie daran, daß das Frettchen erst kürzlich von seiner Mutter und den Geschwistern getrennt, dann in eine Kiste verpackt und schaukelnd in eine fremde Behausung transportiert wurde. Es ist verständlich, daß es nach alldem aufgeregt ist und vielleicht aus Angst einmal zuschnappen wird. Am besten, Sie ziehen sich jetzt für einige Stunden zurück, damit das Frettchen sein neues Reich in Ruhe untersuchen und beschnuppern kann. Das Tier braucht Zeit, um sein neues Zuhause kennenzulernen. Zeigen Sie Ihren neuen, sicherlich ungewöhnlichen, Hausgenossen nicht gleich allen Bekannten und lassen Sie ihn nicht von neugierigen Kindern durch Streicheln zusätzlich aufregen. Verschieben Sie diese Dinge auf später, es wird noch genug Zeit sein, allen das Frettchen vorzustellen. Am nächsten Tag können Sie das Frettchen aus seinem Käfig herausnehmen und vorsichtig auf dem Arm tragen. Jetzt wird es Gelegenheit haben, Sie durch Körperkontakt kennenzulernen. Lassen Sie es auch schon einmal in einem geschlossenen Raum, in dem eine Klokiste aufgestellt ist, laufen.

▲ *Frettchen-Welpen gewöhnen sich schnell an eine Bezugsperson*

Nehmen Sie es in den nächsten Tagen immer wieder auf den Arm und setzen Sie es zum Streicheln auf den Schoß. Auf diese Weise wird es schneller mit Ihnen und der übrigen Familie vertraut, denn es soll ja schließlich ein Hausfrettchen werden. Nur wer sich in der Eingewöhnungszeit intensiv mit dem Neuling beschäftigt, wird später einen zutraulichen und zahmen Freund haben. Rufen Sie das Frettchen immer wieder bei seinem Namen, damit es weiß, wann es angesprochen wird.

Ausflüge ins Freie sollten Sie in den ersten Tagen noch nicht unternehmen, dies wäre etwas zuviel Aufregung für den Anfang.

Der tägliche Umgang

Durch das Eintreffen Ihres neuen Familienmitgliedes wird sich nicht nur in Ihrem Tagesablauf einiges ändern. Der richtige Umgang mit dem Frettchen will gelernt sein.

Bedenken Sie immer: So ein kleines Wesen möchte nicht nur gefüttert und versorgt werden, sondern braucht Bewegung, Auslauf und viel Zuwendung. Allerdings gibt es Zeiten, in denen das Frettchen lieber in Ruhe gelassen werden möchte. Schauen Sie zuerst, ob das Frettchen nicht gerade fest schläft oder frißt, bevor Sie es aus dem Käfig nehmen möchten. Da Frettchen keine besonders guten Augen haben, orientieren sie sich vor allem mit dem Geruchs- und Gehörsinn. Deshalb sollten Sie lautes Reden oder gar Schreien in seiner Umgebung vermeiden. Fühlt das Frettchen sich angegriffen oder erschrickt es, kann es schon einmal schmerzhaft zuschnappen. Nehmen Sie deshalb Rücksicht auf das Frettchen und provozieren Sie es nicht unnötig, weil Sie damit nur Abwehrreaktionen hervorrufen.

Wichtig ist auch, daß Sie das Frettchen richtig aufnehmen, wenn Sie sich mit ihm beschäftigen möchten. Dabei ist zu beachten, daß das Frettchen fest mit der linken Hand um Brust und Vorderpfoten gefaßt wird und mit der rechten Hand um den Bauch gehalten wird. So wird das Frettchen sicher und behutsam hochgehoben, ohne daß es sich eingeengt oder gewürgt fühlt. Das Frettchen an der Rute, dem Schwanz hochzunehmen, ist Tierquälerei und verstößt gegen das Tierschutzgesetz. Die Gefahr, daß sich das Tier die Schwanzwirbel bricht, wäre enorm hoch. Ist das Frettchen besonders nervös oder läßt sich schwer greifen, kann man es auch an der dehnbaren Nackenhaut hochnehmen. Dies schadet dem Tier auf keinen Fall, im Gegenteil, es ist die schonendste Art, das Tier aufzunehmen. Bei diesem Griff, der in der Fachsprache Tragschlaffe genannt wird, erschlaffen alle Muskeln, so daß sich das Tier nicht mehr bewegen kann. Störrische Frettchen werden oft so gehalten, damit sie nicht zubeißen.

Freilauf und Beschäftigung

Frettchen sind kleine Kobolde, darüber muß man sich im klaren sein, wenn man sie als Haustiere halten möchte. Läßt man sie frei in der Wohnung laufen, was durchaus empfehlenswert ist, dann ist kein Papierkorb, kein geöffneter Schrank oder Tisch vor ihnen sicher. Sie lieben es, in allem herumzukrabbeln, zu klettern und Fensterbänke zu erstürmen. Sie sollten Frettchen nicht unbeaufsichtigt in der Wohnung herumlaufen lassen, sondern die Wohnung frettchengerecht vorbereiten, wenn das Frettchen seinen Freilauf bekommt.

Stellen Sie sämtliche großen Blumenkübel beiseite, denn Frettchen scharren gerne die Erde aus solchen. Schränke, Schubladen, Kommoden und Wäschetrommeln sollten gut verschlossen werden, damit es nicht zu tragischen Unfällen kommt, wenn sich das Frettchen darin einklemmt. Sichern Sie Decken, Stoffreste und Papierkörbe gut, da Frettchen allen möglichen Tand in ihre Schlafkammer schleppen. Insbesondere junge Frettchen neigen außerdem dazu Fremdkörper wie Plastikspielzeug, Schwämme oder zum Beispiel Hydrokultur-Steinchen, die wohl Trockenfutter ähneln, zu verschlucken. Da Frettchen die Gewohnheit haben, ihr Futter in der Schlafkammer zu deponieren und es nicht an Ort und Stelle verzehren, sollte man sie außerhalb des Käfigs nicht unbedingt füttern. Sie verstecken das Futter dann nämlich nur unter einem Schrank oder in einer Zimmerecke, wo es schnell vergessen wird und verdirbt.

◆ *Foto auf Seite 38 o.: Spielen im Schnee macht Frettchen viel Spaß...*
◆ *Foto auf Seite 38 u.: ... und heißhungrig auf „Naschsachen".*

▲ *Vorsicht! Bücherregale werden von Frettchen gerne „aufgeräumt".*

Gefahren im Haus

Gefahrenquelle	Folgen	Vorsichtsmaßnahme
Schränke	Frettchen klemmen sich dahinter oder darunter ein.	Beaufsichtigung beim Freilauf, Schränke schließen
Tischdecken	Hängenbleiben beim Herunterhangeln, dadurch Herunterziehen der Decke und event. Erhängen oder Erwürgen	Platzdeckchen verwenden
Türen	Einquetschen, entlaufen.	Beim Freilauf immer verschließen
Waschmaschine	Einschließen bei seitlich zu öffnenden Geräten.	Vor jeder Inbetriebnahme prüfen, ob das Frettchen in der Maschine sitzt.
Wollfäden, Gummibänder	Verfangen um Branten und Hals.	Nichts herumliegen lassen und auch nicht als Nistmaterial verwenden.
Zigaretten	Verbrennen an der Glut, Vergiftungen beim Einatmen	Rauchen ist bei Zimmerhaltung abzulehnen!
Balkon	Absturzgefahr	Sicherung des Balkons durch Netze, besser kein Freilauf auf dem Balkon.
Bügeleisen	Verbrennen beim Beschnüffeln. Herunterwerfen und Verbrennen	Kein Bügeleisen unbeaufsichtigt stehen lassen.
Fenster	Absturz, Knochenbrüche, Einklemmen in Kippfenstern	Fenster geschlossen lassen und zukippen.
Elektrokabel	Durchbeißen, Stromschlag	Keine freilaufenden Kabel unter Strom lassen. Stecker beim Freilauf ziehen.
Feuerwerkskörper	Schock durch lautes Knallen. Explodieren in der Maulhöhle beim Zerkauen.	Keine Knallkörper herumliegen lassen. An Sylvester die Tiere mit in die Wohnung nehmen.
Kerzen	Verbrennen, Umwerfen und Gefahr eines Brandes	Keine Kerzen anzünden, wenn die Tiere freilaufen.
Herdplatten	Verbrennen der Branten	Herdplatten abdecken, Frettchen nicht in der Küche laufen lassen.
Öl, Phenole	Stoffe führen zu Vergiftungen	Keine offenen Gefäße mit Ölen und/oder Phenolen herumstehen lassen.
Plastiktüten	Beim herumkriechen verfangen und ersticken.	Tüten nicht herumliegen lassen.

Schön wäre es, wenn Sie Ihrem Frettchen eine Spielecke oder ein nicht mehr benötigtes Zimmer als Spielplatz und Freilauf einrichten könnten. Eine ebene Fläche ist für Frettchen langweilig. Sie wollen toben, klettern und sich verkriechen können. Unterschlüpfe aus Pappkartons oder ein Kratzbaum wie es ihn für Katzen gibt, sind ideale Spielsachen für ein Frettchen. An der Wand kann man als weitere Spielelemente einige schmale Regalbretter anbringen, auf denen die Tiere klettern können. Verschiedene zusammengesteckte Plastikrohre, wie sie im Baumarkt zu erwerben sind, eignen sich vorzüglich für Verstecke und bringen dem Frettchen Abwechslung und Freude. Ihrer Phantasie sind keine Grenzen gesetzt, wenn es darum geht, dem Frettchen sein Leben so angenehm wie möglich zu gestalten. Ein mit seiner Umgebung zufriedenes Tier dankt es Ihnen mit Gesundheit und Vitalität.

Haar- und Körperpflege

Frettchen sind sehr reinliche Tiere. Dies merkt man schon daran, daß sie ihr Geschäft nur in einer Ecke des Käfigs verrichten. Das Fell der Tiere bedarf keiner speziellen Pflege. Frettchen putzen sich selbst sehr ausgiebig. Lediglich während des Fellwechsels im Frühjahr und im Herbst sollten Sie das tote Haar mit einer weichen Bürste durch sorgfältiges Bürsten mit dem Strich entfernen. Gelegentlich sind auch die Ohren auf Verschmutzung hin zu untersuchen und eventuell mit einem Wattestäbchen zu säubern.

◆ *Foto auf Seite 42 : Mit einer weichen Bürste läßt sich das Fell leicht kämmen. Dies stimuliert den Kreislauf des Frettchens und entfernt totes Haar.*

◆ *Foto auf Seite 43 o.: Von Zeit zu Zeit sollten Sie die Krallen des Frettchens auf die natürliche Länge kürzen.*

◆ *Foto auf Seite 43 u.: Mit einem Wattestäbchen lassen sich die Ohrmuscheln gut säubern.*

▲ *Besonders im Winter haben Frettchen ein sehr dichtes Fell.*

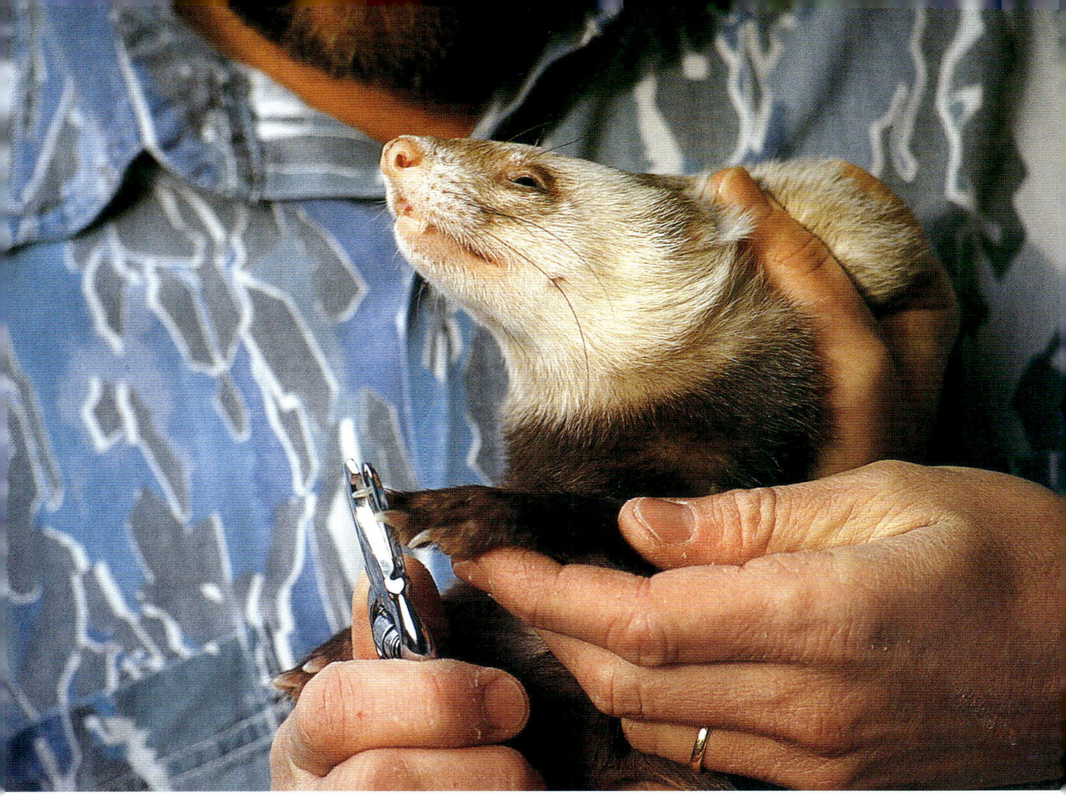

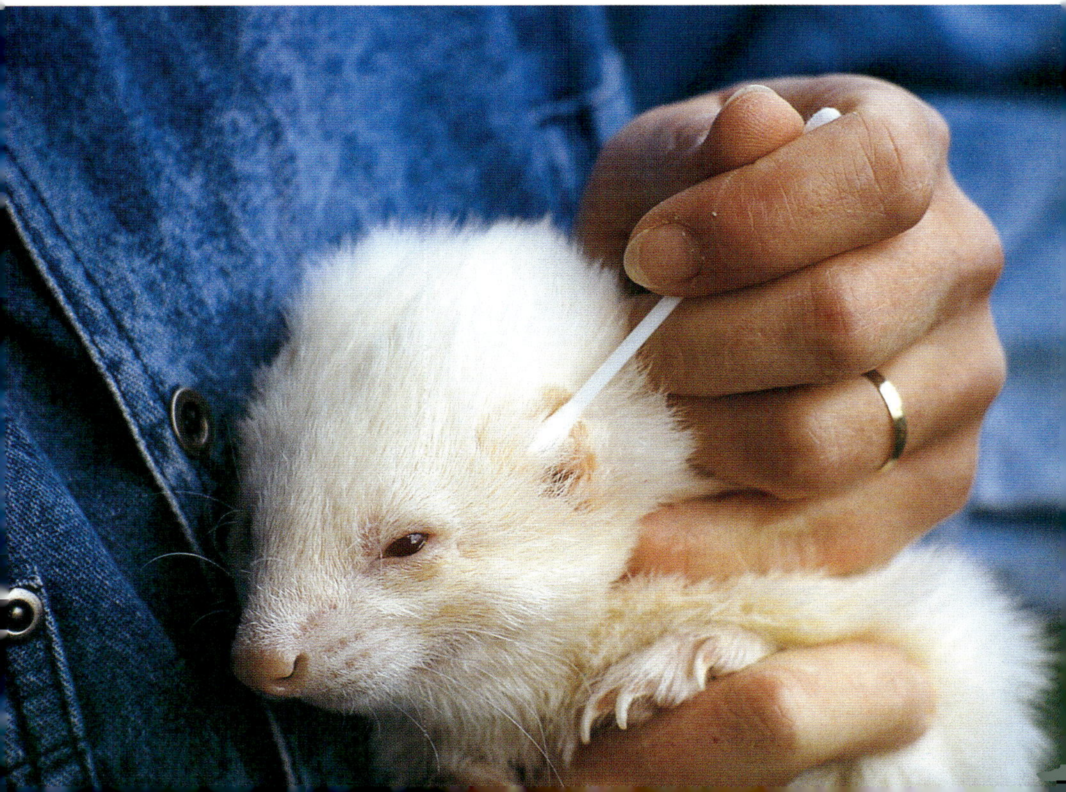

Sollten Frettchen gebadet werden?

Grundsätzlich braucht man Frettchen nicht zu baden. Dennoch sind viele Frettchenbesitzer davon überzeugt, daß Sie durch ein Schaumbad den Eigengeruch des Frettchens beseitigen könnten. Das ist natürlich Unsinn, da der Geruch ja nicht durch eine übelriechende Verschmutzung verursacht wird, sondern durch die neben dem After liegenden Analdrüsen. Auch nach einem Bad produzieren diese Drüsen ja immer noch das Sekret. Trotzdem ist es manchmal angebracht oder sogar erforderlich, das Frettchen zu baden. Dann nämlich, wenn es sich zum Beispiel auf einem Ausflug stark verschmutzt hat oder wenn es von Parasiten befallen ist, um es dagegen zu behandeln. Egal aus welchem Grund Sie Ihr Frettchen baden müssen: Sie sollten wie folgt vorgehen. Setzen Sie Ihr Frettchen in eine mit lauwarmem Wasser gefüllte Plastikwanne und feuchten Sie das Fell mit etwas Wasser an. Dann schamponieren Sie das Fell mit einem milden Kinder- oder Katzenshampoo, oder einem Ungeziefershampoo ein, bis das ganze Fell gut durchschäumt ist. Beachten Sie bei einem Ungeziefershampoo vor allem die vorgeschriebene Einwirkzeit, damit das Mittel auch helfen kann. Jetzt können Sie das Fell gründlich mit lauwarmem Wasser ausspülen. Wichtig ist, daß Sie das Frettchen während des Bades gut festhalten, damit es nicht aus der Wanne springt. Die meisten Frettchen aber lassen es sich gerne gefallen, wenn sie gebadet werden. Wasserscheu sind nur wenige.

Nachdem das Fell mit viel klarem Wasser gut ausgespült wurde, trocknen Sie das Frettchen mit einem vorgewärmten weichen Handtuch gründlich ab. Gegebenenfalls müssen Sie ein zweites Handtuch verwenden, wenn das erste schon zu naß ist. Es besteht auch die Möglichkeit, das Frettchen anschließend mit einem Haarfön nachzutrokknen, da es besonders wichtig ist, daß das Tier am ganzen Körper trocken wird. Setzt man ein nicht völlig trockenes Frettchen wieder in seinen Käfig, so kann das leicht zu Erkältungskrankheiten führen, was unter Umständen tödlich endet.

Zu Ihrer Information wird auf den folgenden Seiten anhand von Fotos aufgezeigt, wie Sie Ihr Frettchen baden können.

◆ *Foto auf Seite 44: Frettchen mit Spiel-Kappe. Schadet dem Tier nicht - ist jedoch reine Geschmackssache.*

Baden von Frettchen
◆ *Foto auf Seite 46 o.:*
Vorsichtig setzt man das Frettchen in eine mit lauwarmem Wasser gefüllte Plastikwanne und feuchtet das Fell an.
◆ *Foto auf Seite 46 u.:*
Das Fell sollte gründlich aber behutsam einshamponiert werden.
◆ *Foto auf Seite 47 o.:*
Mit viel lauwarmem Wasser wird das Shampoo nun gut ausgespült.
◆ *Foto auf Seite 47 u.:*
Mit einem weichen Handtuch wird das Frettchen nun abgetrocknet.

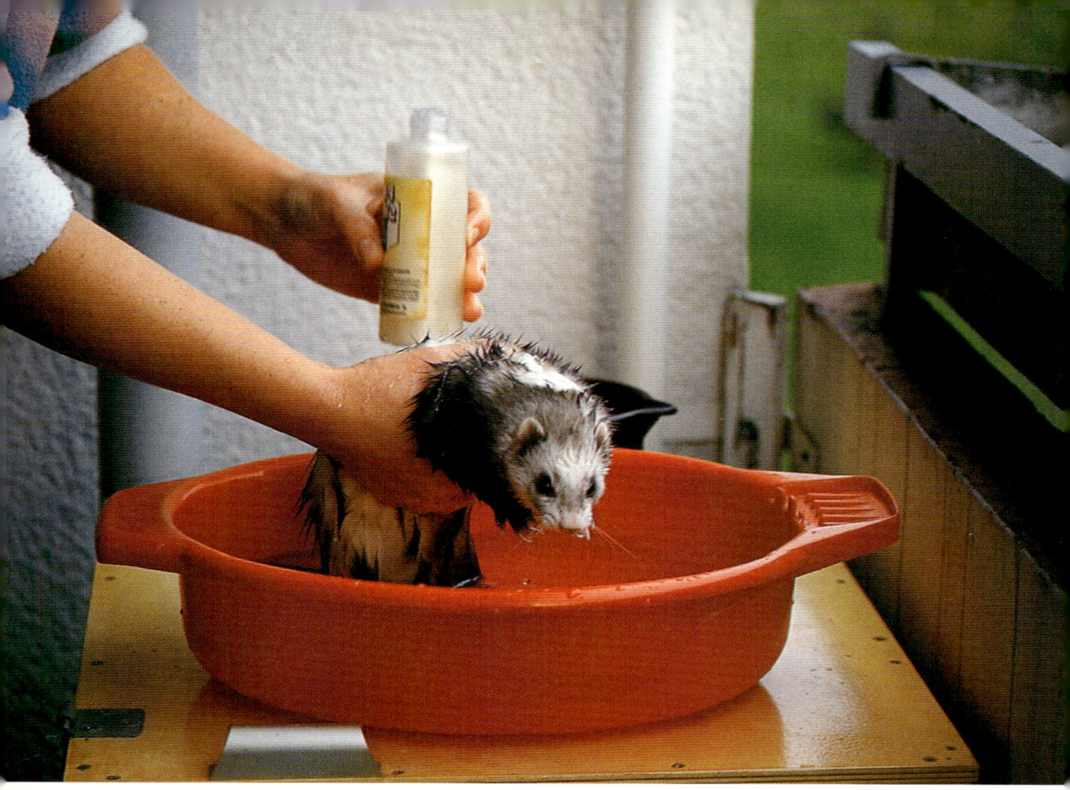

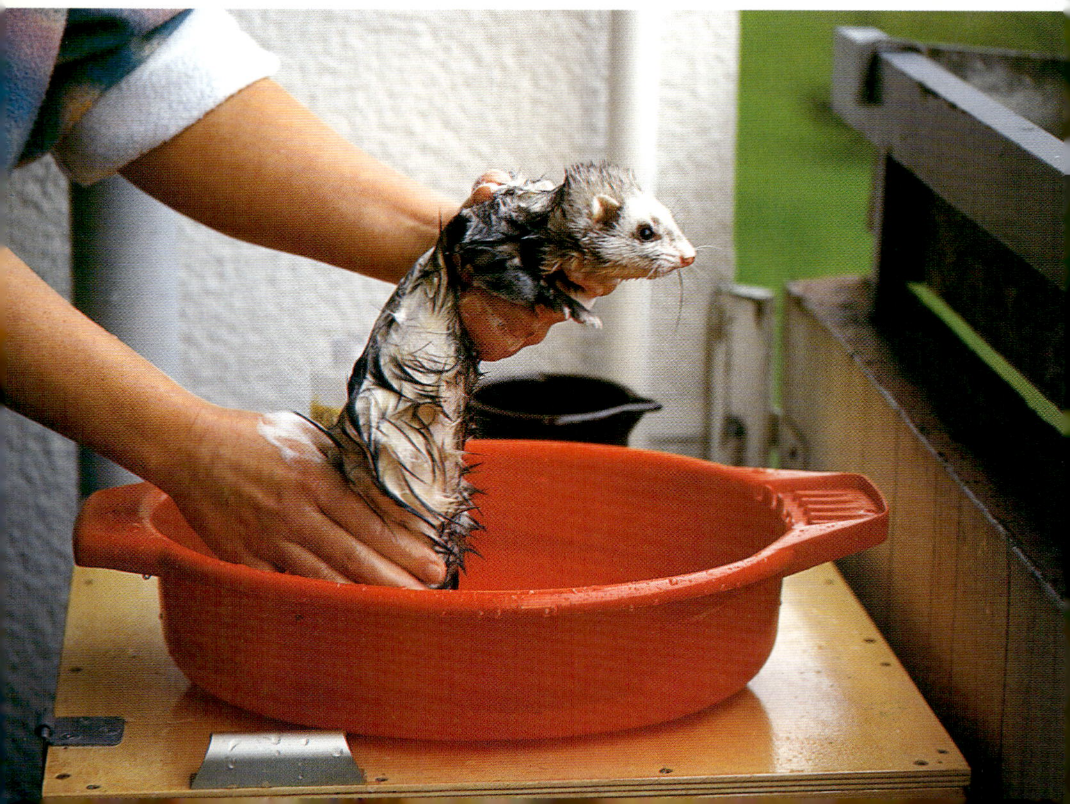

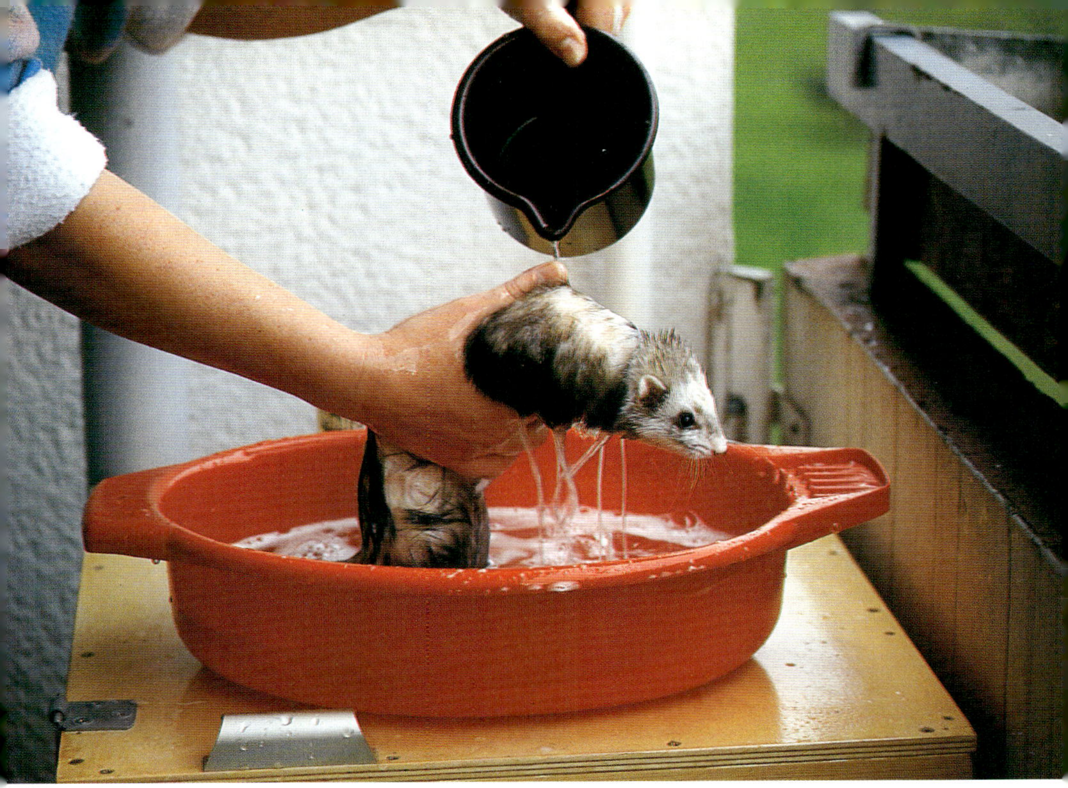

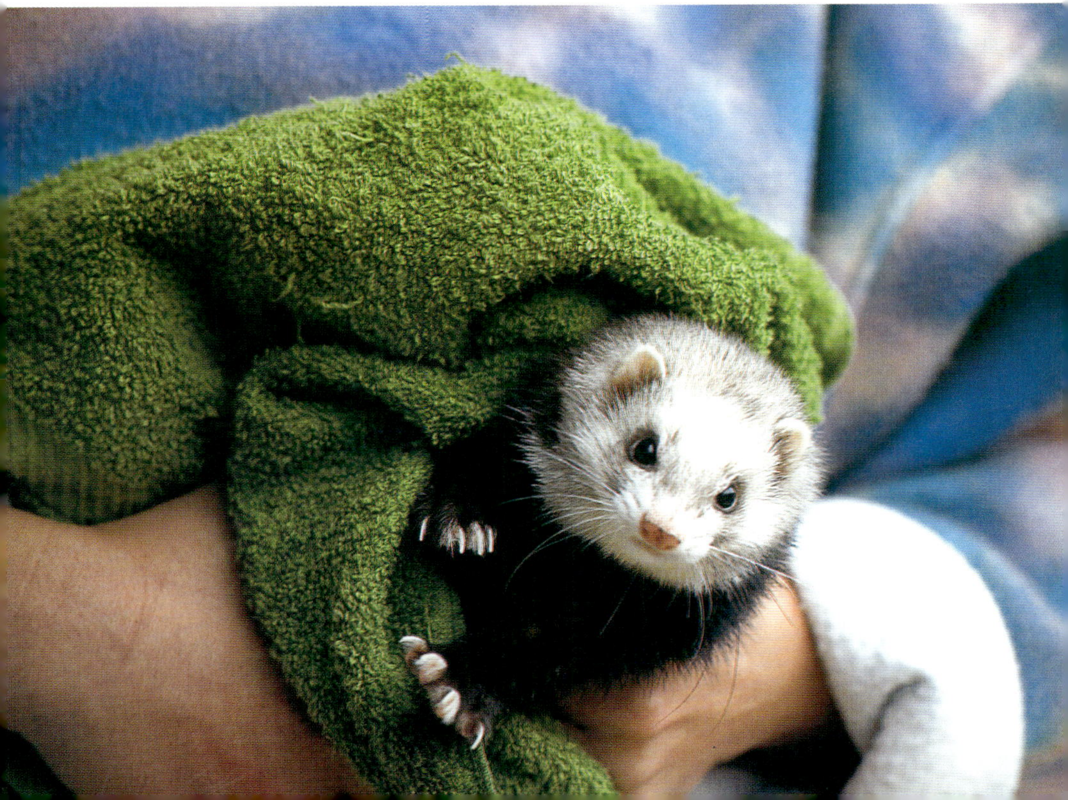

Das Krallenschneiden

Wenn das Frettchen seine Krallen nicht im Garten oder beim Spazierengehen ausreichend abnutzen kann, müssen diese regelmäßig geschnitten werden, um nicht beim Laufen behindernd zu wirken. Sie können die Krallen von einem Zoofachhändler oder einem Tierarzt schneiden lassen. Wenn Sie geschickt sind, können Sie es sogar einmal selbst versuchen. Am besten arbeiten Sie beim Krallenschneiden zu zweit. Eine Person hält das Frettchen, die andere schneidet. Halten Sie die Brante des Frettchens so ins Licht, daß Sie die einzelnen Blutgefäße sehen können. Zwicken Sie dann den Hornteil kurz vor den Blutgefäßen ab. Achten Sie besonders auf diese Gefäße, da diese, wenn sie verletzt werden, dem Frettchen erhebliche Schmerzen zufügen. Sind Sie sich bei der Ausführung dieser Arbeit nicht ganz sicher, dann lassen Sie sich diesen Vorgang von einem Tierarzt genau erklären. Zum Krallenschneiden eignen sich kleine Fußnagelknipser oder Spezialzangen, die in jedem Zoofachgeschäft erhältlich sind.

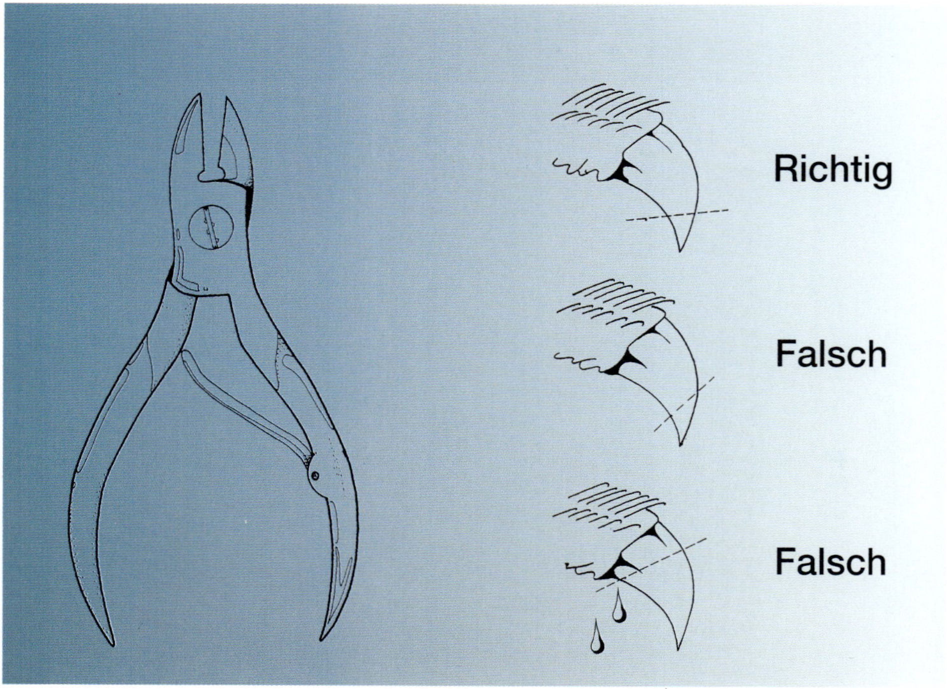

Richtig

Falsch

Falsch

▲ Skizze: Mit solch einer Nagelzange lassen sich die Krallen problemlos schneiden. Rechts oben: Richtig. Mitte: Das Horn wird splittern. Unten: Die Blutgefäße werden verletzt.

Reinigung von Käfig und Zubehör

Selbstverständlich gehört zur Pflege Ihres Frettchens auch die regelmäßige Reinigung von Käfig und Zubehör. Mit heißem Wasser und nicht parfümiertem Geschirrspülmittel oder Neutralseife schrubben Sie den Boden des Käfigs einmal wöchentlich gut aus. Nach einigen Minuten Einwirkzeit spülen Sie den Boden des Käfigs mit klarem Wasser gründlich nach. Anschließend trocknen Sie den Boden mit einem Handtuch. Wegen den die Atemwege oft reizenden Ausdünstungen von handelsüblichen Desinfektionsmitteln ist von einem routinemäßigen Gebrauch abzusehen. Trinkautomaten, Trinkschüsseln und Futtergefäße müssen täglich mit heißem Wasser ausgespült werden. Trinkflaschen und eventuell daran haftender Algenbewuchs können mittels einer hygienischen Spül- oder Flaschenbürste gereinigt werden. Gut abgetrocknet, können die Gefäße wieder mit Futter und Wasser gefüllt werden. Die Klokiste des Frettchens muß aus hygienischen Gründen mindestens einmal pro Tag gesäubert werden. Mit einer kleinen Plastikschaufel lassen sich Kothaufen und Urinklumpen problemlos entfernen, danach können Sie wieder etwas frische Katzenstreu nachfüllen. Einmal pro Woche sollten Sie die ganze Einstreu erneuern und durch frische ersetzen. Denken Sie daran, das Klo mit heißem Wasser gründlich auszuwaschen und gelegentlich zu desinfizieren, damit sich keine Krankheitskeime durch Urin- oder Kotreste bilden können.

Ganz wichtig ist es, die Schlafkiste des Frettchens peinlich sauberzuhalten, da Frettchen gerne ihr Futter in die Schlafkammer verschleppen, um sich einen kleinen Futtervorrat anzulegen. Meist fressen sie aber nicht alles auf, und die Futterreste fangen an zu verderben. Fressen die Frettchen dann doch von dem angeschimmelten Futter, kann es zu Magen- und Darmerkrankungen kommen, die sogar tödlich enden können. Deshalb ist darauf zu achten, daß die Schlafkiste immer frei von solchen Futterresten ist. Kontrollieren Sie die Schlafkammer täglich auf solche Futtervorräte hin und entfernen Sie diese gegebenenfalls. Einmal wöchentlich sollten Sie das ganze Nistmaterial wechseln und durch neues Stroh oder Baumwolltücher ersetzen. Verschmutzungen durch Futterreste reinigen Sie am besten nur mit heißem Wasser, wobei eine regelmäßige Desinfektion durchaus angebracht ist. Im Sommer kann sich, besonders in Freilandkäfigen, Kondenswasser an den Wänden der Schlafkiste bilden, da auch Frettchen schwitzen. Sollte dies der Fall sein, müssen Sie das Nistmaterial bis zu dreimal wöchentlich wechseln, damit das Frettchen in einer feucht modrigen Schlafkammer nicht erkrankt.

Sie beugen solch einem „Schwitzkasten" vor, indem Sie ein Lüftungsrohr in die Seitenwand der Schlafkammer einbauen. Sägen Sie einfach ein Loch mit einem Durchmesser von 5cm aus der Wand und passen Sie ein Stück feinen Fliegendraht in die Öffnung ein.

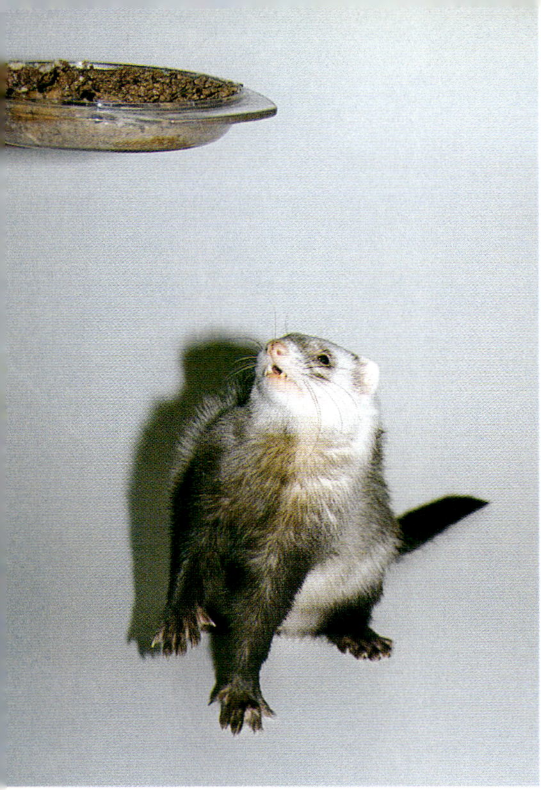
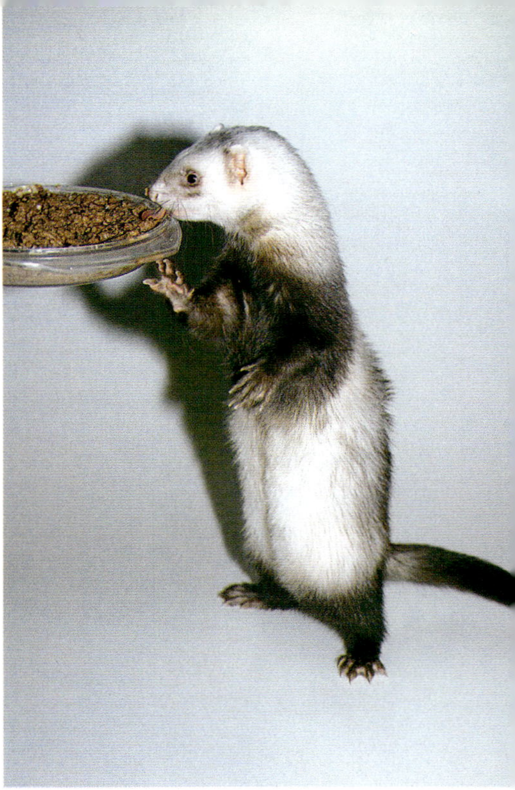
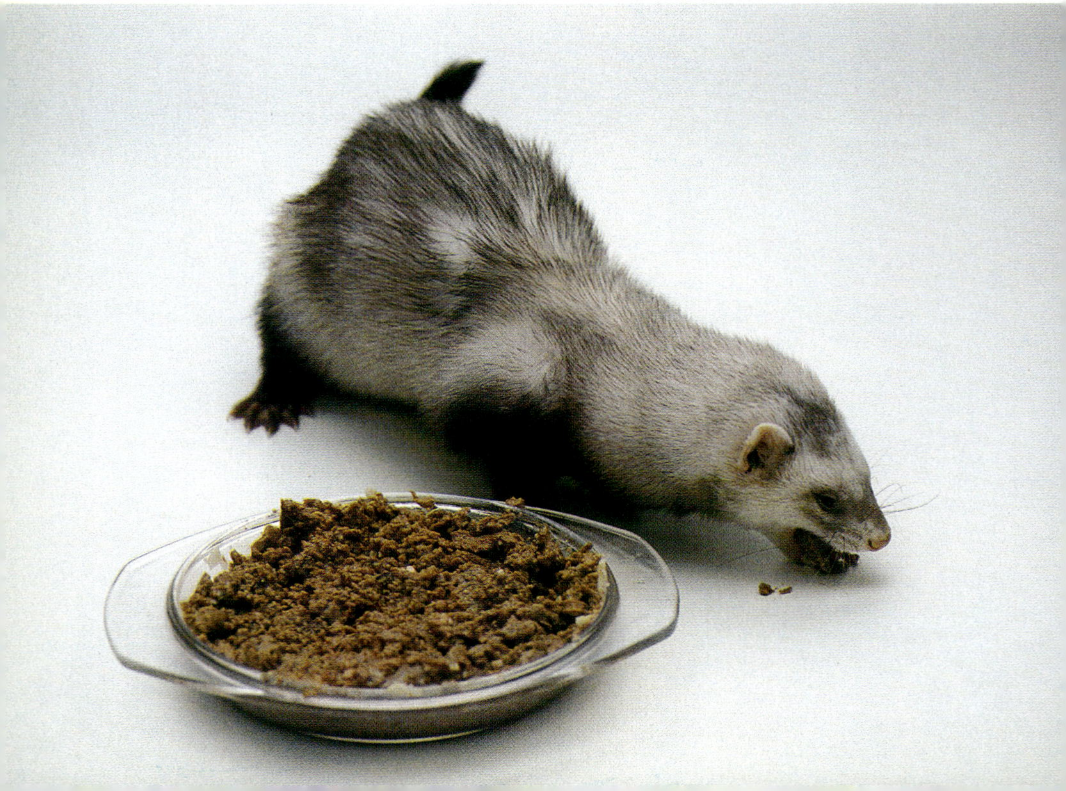

Ernährung

Das richtige Futter

Frettchen sind als Raubtiere in erster Linie Fleischfresser und damit auf einen sehr hohen Eiweiß-/Proteinanteil in der Nahrung angewiesen. Gegenüber anderen Räubern weisen sie einige wichtige anatomische Eigenheiten des Verdauungstraktes auf, die bei der Ernährung zu berücksichtigen sind. Im Verhältnis zur Körperlänge besitzen Frettchen einen äußerst kurzen Magendarm-Kanal, bei dem der Blinddarm völlig fehlt. Die Anteile des Dünndarms gehen ohne deutliche anatomische Grenze in den Dickdarm über. Die Verweildauer von Futter im Darm beträgt nur ungefähr drei Stunden, wenig Zeit für eine gründliche Aufschliessung der Nahrungsbestandteile durch Verdauungsenzyme und bakterielle Prozesse. Allein aus diesem Umstand ergibt sich die Forderung, daß Frettchen mehrfach am Tag mit einem sehr nährstoffreichen, hochwertigen und leichtverdaulichen Futter versorgt werden sollten. Viele ältere Frettchenbesitzer sind auch heute noch der Meinung, daß eingeweichte Weißmehlbrötchen mit frischer Milch das einzig wahre Futter sei. Dies ist natürlich grundlegend falsch. Auch der freilebende Iltis ernährt sich in der Regel von animalischer Beute wie Mäusen, Kleinvögeln, Fröschen, Kaninchen und auch Kriechtieren, was einer sehr protein- und fettreichen, aber kohlehydratarmen Ernährungsweise entspricht. Einseitig oder fleischarm oder -los ernährte Frettchen zeigen schon nach kurzer Zeit Mangelerscheinungen, die Stoffwechselstörungen zur Folge haben, stumpfes Fell und einen schlechten Allgemeinzustand. Zur gesunden und artgerechten Fütterung gehört eine vielseitige und vor allem abwechslungsreiche Kost auf den Frettchentisch. Das ausgewogene Futter sollte zu mindestens 80% aus Muskelfleisch und zu maximal 20% aus pflanzlichen Anteilen bestehen.

◆ *Foto auf Seite 50 o.li.: Mit knurrendem Magen „pirscht" sich der Rüde an das Dosenfutter.*
◆ *Foto auf Seite 50 o.re.: Mit der Zunge wird zuerst vorsichtig gekostet,...*
◆ *Foto auf Seite 50 u.: ...bevor anschließend das Fleisch geradezu verschlungen wird.*

Fertigfutter und Zubereitetes

Der Zoofachhandel bietet heute eine große Anzahl fertiger Alleinfuttermittel als Dosen- oder Trockenfutter an, die speziell auf die besonderen Ernährungsbedürfnisse von Hund und Katze abgestimmt sind. Diese Fertignahrungen sind nach den modernsten, wissenschaftlichen Erkenntnissen der Tierernährung speziell zusammengesetzte Futtermittel, die alle notwendigen Nährstoffe, Vitamine, Mineralien und Spurenelemente enthalten und für die entsprechende Tierart keiner Aufwertung durch Zusatzstoffe bedürfen. Die Tiernahrung wird unter veterinärmedizinscher Kontrolle und den sehr strengen Vorschriften des deutschen Futtermittelgesetzes hergestellt.

Ein ausgewachsenes Frettchen benötigt etwa zwischen 150 und 200 Gramm Futter pro Tag. Für die Fütterung von Frettchen ist besonders die Fertignahrung für Katzen geeignet. Dosennahrung ist in verschlossenem Zustand leicht und besonders lange lagerfähig. Durch einen Feutigkeitsgehalt von ungefähr 80% (d.h. vier Fünftel des Doseninhalts ist Wasser!) kann das Frettchen seinen Flüssigkeitsbedar fast vollständig über das Wasser decken. Es sollte aber dennoch stets frisches Trinkwasser zur Verfügung haben. Dosenfutter für Katzen gibt es in einer sehr reichen Auswahl an Geschmacksrichtungen, so daß eine abwechslungsreiche Gestaltung des Speiseplans möglich ist. Die Zusammensetzung ist bei allen Sorten nahezu identisch, denn der namen- und geschmackgebende Anteil (z.Bsp. Huhn, Lachs oder Kaninchen) macht meist weniger als 5% aus. Nachteilig sind die weiche Konsistenz und der Gehalt an Karamel- und Zuckerstoffen, was zu vermehrter Zahnsteinbildung und Zahnschädigung führt. Bei Zimmertemperatur ist der Verderb des Dosenfutters rasch, so daß Futterreste stets sofort beseitigt werden sollten und eine mehrmalige Futtergabe am Tag notwendig ist, damit schwerwiegenden Magen-Darm-Infektionen vorgebeugt wird (siehe Botulismus). Eine sinnvolle Alternative dazu ist ein auf dem Markt neues Frettchen-Trockenfutter (s.S.104), das in der Zusammensetzung dem Dosenfutter gleicht, dem aber nahezu vollständig die Feuchtigkeit entzogen wurde. Trockenfutter kann, in entsprechender Menge angeboten, über den Tag verteilt in mehreren kleinen Mahlzeiten vom Tier selbständig aufgenommen werden, was dem natürlichen Ernährungsverhalten sehr nahekommt. Bei Trockenfutter, das von Frettchen sehr gerne genommen wird, sollte besonders auf ständige Verfügbarkeit von frischem Wasser geachtet werden, um den Flüssigkeitsbedarf des Frettchens ausreichend zu decken. Um den hohen Bedarf des Frettchens an Energie und Eiweiß zu gewährleisten, sollte bei Fütterung dieser Fertignahrungen die Beifütterung von Obst, Gemüse, Frischfleisch oder Flockennahrung weniger als 20% der Gesamtfuttermenge betragen.

Da Frettchen, wie erwähnt, einen sehr kurzen Verdauungstrakt haben, ist die Verwertung von Rohkost oder faserreicher Pflanzenkost äußerst gering und die Gefahr einer Mangelernährung groß. Sicherlich können Sie das Futter selbst zusammenstellen, jedoch ist es sehr schwierig, eine ausgewogene, vitamin- und mineralstoffreiche Kost zuzubereiten, ohne dabei viele verschiedene Zusatzpräparate verwenden zu müssen. Dennoch können Sie Rind-, Wild- und Pferdefleisch in gekochter Form als Frischfutter verwenden. Herz, Leber und Niere, sowie frischer, ungewaschener Rinderpansen eignen sich ebenfalls, um dem Frettchen eine abwechslungsreiche Nahrung zu bieten. Schweinefleisch darf nie roh, sondern nur gegart angeboten werden, um der tödlichen Aujeszkischen Krankheit vorzubeugen. Bei hohem Anteil von Leber (Vorsicht: Vitamin A-Überversorgung!) oder Fisch (nie roh!) im Futter ist auf eine zusätzlichen Versorgung mit Vitamin E zu achten, um eine Entzündung der Körperfettdepots zu vermeiden. Bei vornehmlicher Fütterung von Muskelfleisch, Herz oder Innereien ist wegen des hohen Phosphatgehalts ein Zusatz von Kalzium besonders wichtig, wobei sich in meiner Zucht das Präparat Osspulvit®, das in der Apotheke erhältlich ist, bewährt hat. Besonders junge und säugende Frettchen benötigen Kalziumgaben. In mundgerechte Stücke geschnitten, können Sie unter das Fleisch Gemüse- oder Vollkornflocken, frisches Obst und Gemüse, die notwendigen Vitaminpräparate und Kalzium geben.

Was Sie sonst noch füttern können

Außer Dosennahrung und frischem Muskelfleisch gibt es noch viele weitere Leckereien für Frettchen. Im Ganzen können Sie tote Eintagsküken, die über größere Zoofachgeschäfte erhältlich sind, verfüttern. Diese sind sehr eiweißreich und werden von Frettchen gern roh als Zusatzkost mit Federkleid gefressen. Pro Frettchen rechnet man etwa zwei bis vier Küken am Tag. Wer die Möglichkeit besitzt, frisches Wild über einen Jäger oder Wildpark zu beziehen, kann auch jegliche Innereien von Reh- und Niederwild verfüttern, sowie ganze Kleinvögel, Wachteln, Rebhühner und Tauben mit Federkleid. Die Knochenreste sind nach einer solchen sehr natürlichen Nahrung unverzüglich aus der Schlafkammer zu entfernen. Frischer grätenfreier Fisch wie Kabeljau, Rotbarsch oder Schollenfilet kann ebenfalls gefüttert werden. In etwas Becel® - Bratfett angebraten und mit Gemüseflocken vermischt, wird diese sehr proteinreiche Kost gerne genommen.

Als kleine Leckerei eignet sich gut etwas mit Eigelb vermischter Sahnequark oder Joghurt. Die Frettchen sind ganz wild auf solch eine Schleckerei und können nicht genug davon bekommen. Jedoch ist zu beachten, daß sie von zuviel Milch Durchfallerscheinungen bekommen können. Dünnbreiiger Kot wird durch den Milchzucker ausgelöst, der von Frettchen nicht optimal abgebaut werden kann. Sowohl in Joghurt- als auch in Quarkprodukten (Hüttenkäse, Dickmilch) ist der Milchzucker vergoren und nur bei der Milch wegen Enzymmangel zum Laktose-Abbau abführend. Ein sehr nahrhafter Zusatz ist auch das im Handel erhältliche Fertigfutter für Igel. Es enthält Fleisch, Getreide, Gemüse, Insektenlarven und Vitamine. Ich bereite den Frettchen daraus einen Pfannkuchen, der aus fünf gehäuften Eßlöffeln Igelfutter und ein bis zwei Eiern besteht. Diese Masse wird mit etwas Milch verquirlt und in wenig Becel®-Bratfett ausgebacken. In mundgerechte Stücke geschnitten, wird dieser Pfannkuchen gern gefressen. Meine Frettchen haben auch eine Vorliebe für Babyfertignahrung. Es gibt verschiedene Sorten von gekochtem Kalbfleisch mit Reis bis hin zu Bananen mit Ananas. Diese Breikost für Kleinkinder kann man unter das Futter geben oder auch als selbständige Mahlzeit verabreichen. Möchten Sie ihrem Frettchen zusätzliche Vitamine geben, hat sich die beim Tierarzt erhältliche Multivitaminpaste NutriCal® als hervorragend erwiesen. Sie ist ein äußerst vitamin- und mineralstoffreiches Zusatzfutter, das man gesunden Tieren ohne weiteres zur besseren Fell- und Gesamtentwicklung füttern kann. Aber selbst kranke appetitlose Frettchen fressen sie gerne direkt aus der Tube. Auch der in Pulverform erhältliche Vitaminkomplex Murnil® der Firma Bayer hat sich als Ergänzungspräparat bestens bewährt. Er wird in regelmäßigen Abständen jeweils 14 Tage lang nach Packungsvorschrift mit dem täglichen Futter verabreicht. Er fördert vor allem die Fellentwicklung, was während des Fellwechsels wichtig ist. Es gibt noch viele weitere Leckerbissen für Frettchen. Sicher werden Sie mit der Zeit selbst herausfinden, welches Futter für Ihr Frettchen am geeignetsten ist und was es besonders gerne frißt. Sie sollten darauf achten, daß die Kost abwechslungsreich und ausgewogen ist, wobei von jeglicher Tischfütterung dringend abzuraten ist. Wenig- oder unerfahrenen Frettchenhaltern ist deshalb zur hauptsächlichen Fütterung mit Fertignahrung zu raten.

Auf den folgenden Seiten habe ich für Sie die wichtigsten Nährstoffe, Vitamine und Mineralstoffe festgehalten. Sie können daraus ersehen, in welchen Produkten die für das Frettchen wichtigsten Nährstoffe enthalten sind, damit es seine Gesundheit und Vitalität behält. Immer noch werden Frettchen aus Unkenntnis oder Verantwortungslosigkeit falsch und unzureichend ernährt. Durch individuelle Futterneigungen des Tieres kann aber auch ein Überschuß oder ein Mangel an den beschriebenen Stoffen entstehen. Achten Sie deshalb immer auf eine ausgewogene und abwechslungsreiche Kost.

◆ *Vitaminpaste wird gern gefressen.*

▲ *Bananen werden von vielen Frettchen mit Vorliebe genascht.*

Proteine (Eiweißstoffe)

Proteine sind für einen Organismus lebenswichtig, stellen Sie doch die wesentlichen Bausteine für Muskulatur, Bänder, Sehnen, Blutbestandteile, Haut und Anhangsorgane dar. Entsprechend seiner natürlichen Ernährung als Raubtier ist der Proteinbedarf des Frettchens sehr hoch. Geeignete Eiweißquellen für die Fütterung von Frettchen sind deshalb Muskelfleisch, Eier, Innereien, Fisch, Milchprodukte oder Hefe. Vor Verfütterung von rohem Eiklar oder rohem Fisch muß gewarnt werden, da beide Produkte Stoffe enthalten, die bestimmte B-Vitamine (siehe Seite 57) zerstören und so zu einem ernsthaften Mangel mit Krankheitsfolgen führen können. Erhitzt stellen beide Nahrungsmittel wichtige und wertvolle Proteinquellen dar und sollten den Speiseplan eines jeden Frettchens ergänzen. Stellen Sie demnach unbedingt sicher, daß Ihr marderartiger Hauskamerad ausreichend mit Eiweißstoffen versorgt wird.

Fette

Fette sind für das Frettchen der wichtigste Energielieferant zur Deckung des Kalorienbedarfs. Im Körper sind die sogenannten Lipide am Aufbau aller Zellwände, am gesamten Nervensystem und als Wärme- und Energiespeicher in Form von Fettdepots beteiligt. Ähnlich wie bei Katzen tolerieren Frettchen Fettanteile von über 50% der Trockensubstanz des Futters. Die Schmackhaftigkeit und Akzeptanz eines Futters wird gerade durch seinen Fettgehalt bestimmt. Vorsicht ist nur bei der Verfütterung großer Mengen von Seefisch (Makrele, Thun oder Lachs) geboten, da ein relativer Mangel von Vitamin E zu einem Ranzigwerden der körpereigenen Fettdepots mit erheblichen Entzündungserscheinungen führen kann. Bei mangelnder Bewegung führt ein reichliches Angebot fettreicher Nahrung zu Fettleibigkeit.

Kohlenhydrate

Hiermit bezeichnet man stärke-, zellulose- und zuckerhaltige Stoffe. Die Kohlenhydrate sind Hauptbestandteil aller grünen Pflanzen, die diese mit Hilfe von Sonnenlicht aufbauen. Bei reinen Fleischfressern wie dem Frettchen spielen sie für die Ernährung eine geringe Rolle, ist ihr Anteil an der natürlichen Ernährung in Form des Magen/Darminhaltes der Beutetiere weniger als 5%. In Form von aufbereiteter Stärke und Getreideprodukten können Frettchen diese Energiequelle jedoch gut verdauen und nutzen. Milch und nichtvergorene Milchprodukte führen meist zu Durchfällen, weil den meisten erwachsenen Frettchen das Enzym Laktase zur Spaltung des Milchzuckers fehlt. Zuckerhaltige Speisen sollten wegen der Gefahr der nicht zu unterschätzenden Zahnschädigungen auf keinen Fall verfüttert werden.

Kalzium, Phosphor und Vitamin D

Kalzium und Phosphor sollten im Futter im Verhältnis 1:1 vorkommen, um krankhaften Skelettveränderungen vorzubeugen. Muskelfleisch, Herz, Leber und Niere enthalten einen hohen Phosphoranteil, aber kaum Kalzium. Innereien sind als Basisfutter also ungeeignet und sollten daher nur ab und zu gefüttert werden. Milchprodukte wie Quark oder Hüttenkäse (sehr gutes Ergänzungsfutter!) enthalten relativ viel Kalzium und sind zur Aufwertung des Futters bei vorrangiger Fleischfütterung aber nicht ausreichend. Richtig dosierte Kalziumpräparate sind als Ergänzung notwendig. Aber auch Vitamin D muß in ausreichender Menge im Futter vorhanden sein, da es sonst zu ungenügender Verkalkung der Knochen und zu abnormen Zähnen kommen kann. Lebertran, Fisch, Eigelb und Milchprodukte enthalten viel Vitamin D.

Vitamin A

Der Bedarf an Vitamin A ist hoch. Mangel führt zu Augen- und Hautveränderungen sowie zu Schädigungen am Fortpflanzungsapparat. Vor allem Milchprodukte, Lebertran, Leber, Eigelb und Spinat sind Vitamin A-Träger.

Vitamin E

Bei einseitiger Kost oder dem Füttern von Fisch, Lebertran oder Leber in größeren Mengen entsteht ein Vitamin E Mangel. Dieser Mangel kann unter Umständen zur Oxidation des Körper- fettes, allgemeiner Entzündung und sogar zum Tod führen. Weizenkeimlinge, grüner Salat, Erdnüsse und Öle enthalten Vitamin E.

Vitamin B-Komplexe

Nervenerkrankungen, Lähmungen sowie Nerven- und Muskelentartung (Oedeme/Beriberi), schwerwiegende Veränderungen der Herzfunktion, Wachstumsstörungen und Hauterkrankungen treten bei Mangel der einzelnen B-Vitamine auf. Bei länger anhaltendem Durchfall müssen, da Bakterien im Darm keine B-Vitamine mehr erzeugen können, mehr B-Vitamine mit dem Futter zugeführt werden. Hefe, Kleie, Vollkornbrot, Kartoffeln, Leber, Herz, Niere, Eier, Milch, Spinat und Tomaten enthalten reichlich B-Vitamine.

◆ *Frettchen benötigen diverse Vitamine*

Trinkwasser und Futterzeiten

Frisches Trinkwasser sollte dem Frettchen immer zur Verfügung stehen. An heißen Tagen sowie in geheizten, trokkenen Räumen ist das besonders wichtig. Täglich sollten Sie das Trinkwasser wechseln und in großen glasierten Tongefäßen reichen, damit es sich frisch hält und kühl bleibt. Es besteht aber auch die Möglichkeit, das Frettchen an eine im Handel erhältliche Nippeltränke zu gewöhnen. Das Wasser bleibt länger frisch und wird in der Flasche nicht so schnell verschmutzt wie in offenen Gefäßen. Milch ist kein Getränk für Frettchen, sie ist Nahrung. Auch löscht sie nicht den Durst, sondern kann bei reichlicher Gabe schnell zu Durchfall führen. Frettchen passen sich einem festgelegten Futterrhythmus besonders gut an. Sie sollten die auf zwei bis drei Mahlzeiten verteilte Fütterung immer zur gleichen Zeit durchführen. Die Frettchen warten dann schon hungrig am Käfiggitter. Ich empfehle deshalb mehrere Mahlzeiten pro Tag, da Frettchen kleine Mahlzeiten eher sofort fressen und nicht in der Schlafkammer verstauen, wo das Futter schnell verdirbt. Dies ist häufig der Fall, wenn man nur eine große Mahlzeit verabreicht.

◆ *Foto auf Seite 59 o.:*
Trockenfutter riecht verlockend gut...
◆ *Foto auf Seite 59 u.:*
... und schmeckt noch viel besser.
◆ *Foto auf unten:*
Wassermelonen enthalten viel Flüssigkeit und werden als willkommene Abwechslung gerne gefressen.

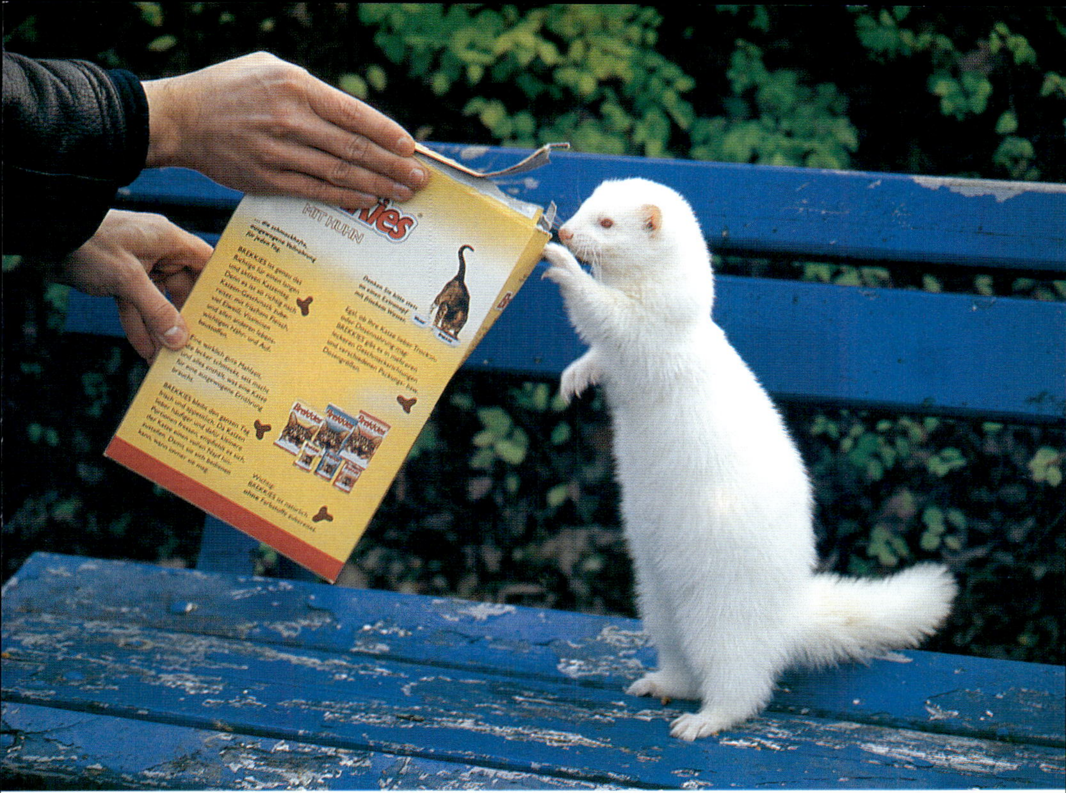

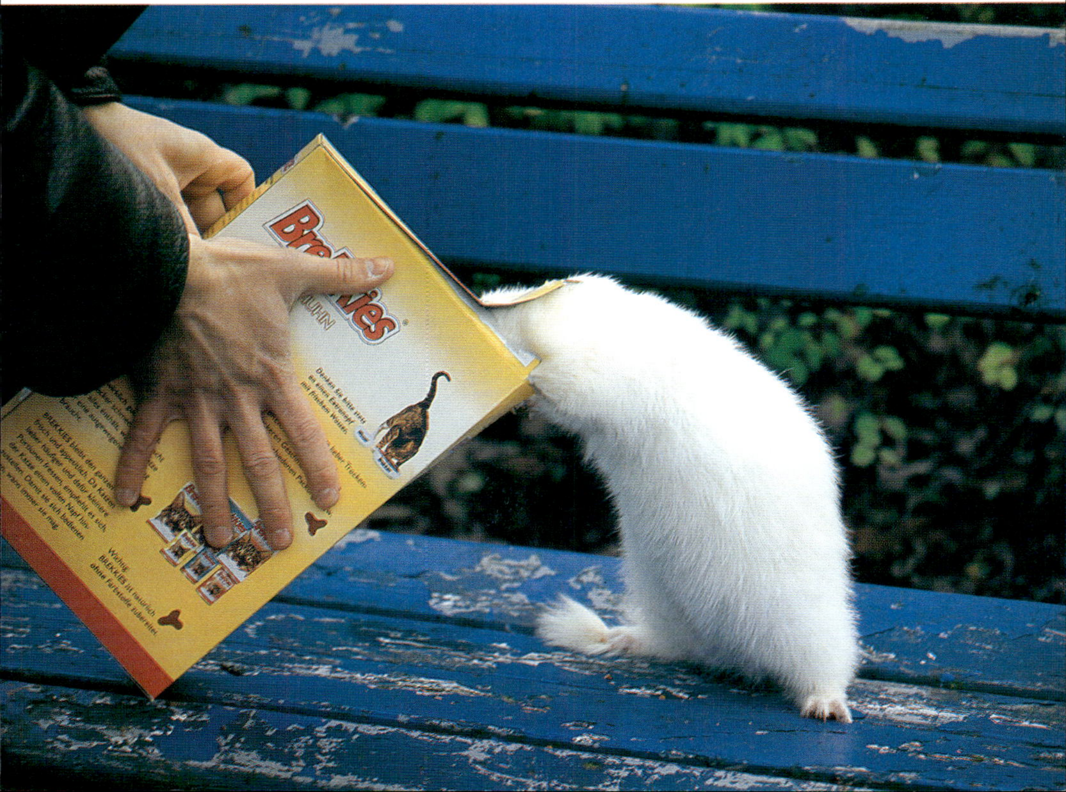

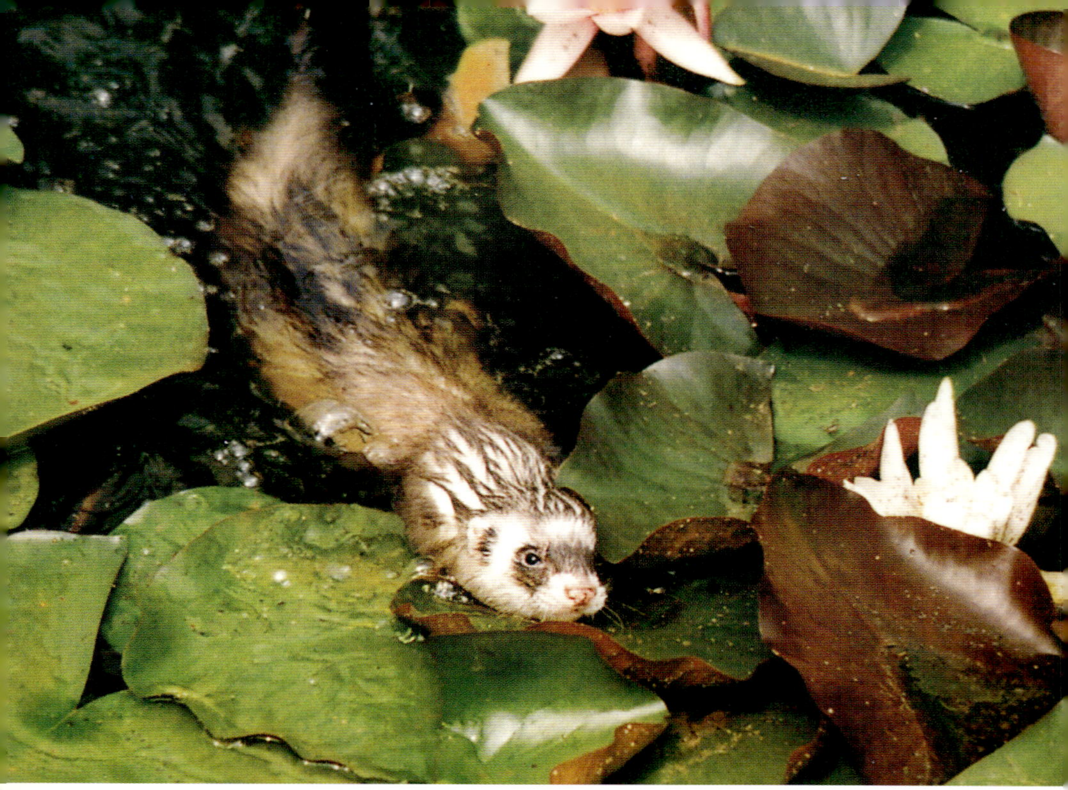
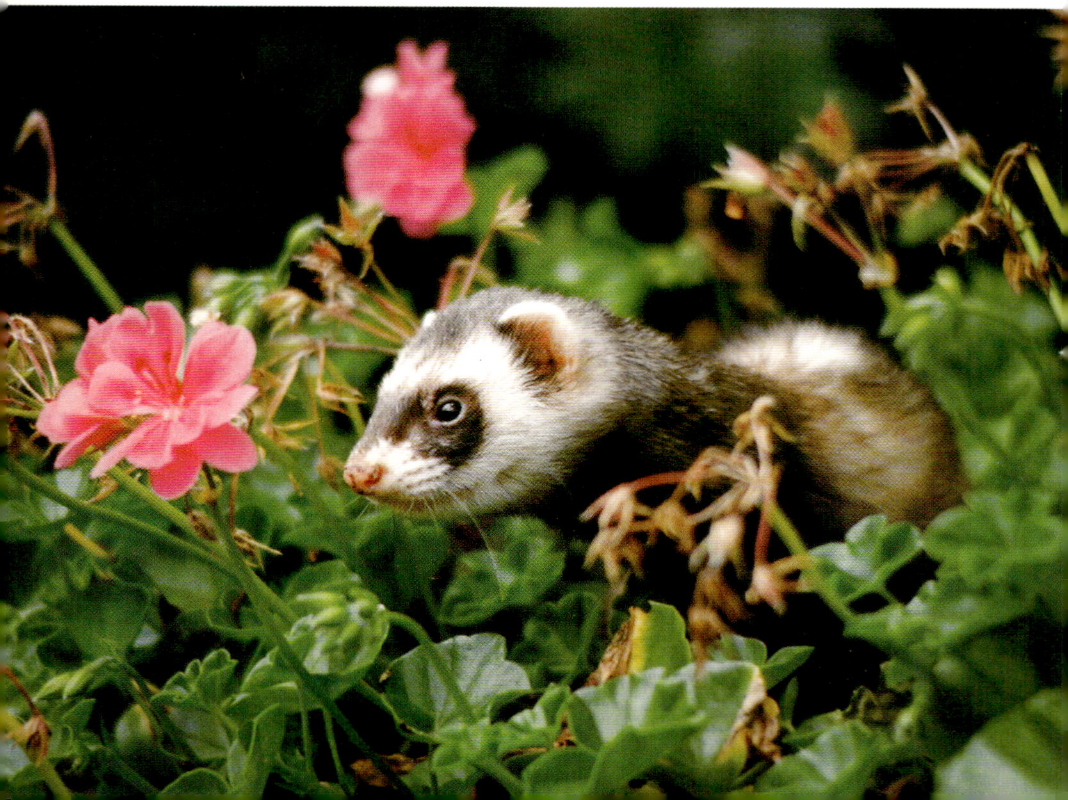

Gesunderhaltung und Krankheiten

Vorbeugen ist der beste Schutz

Frettchen sind von Natur aus widerstandsfähig, anspruchslos und robust. Bei artgerechter Haltung und verantwortungsvoller Pflege wird ein gesundes, erblich nicht vorbelastetes Frettchen selten krank. Doch gibt es einige Virus- und bakteriell bedingte Krankheiten, gegen die Frettchen recht anfällig sind. Jährliche Schutzimpfungen beugen zum Teil lebensbedrohlichen Infektionskrankheiten vor und sind deshalb dem Frettchenhalter unbedingt zu empfehlen. Es gibt aber auch Zeiten besonderer Belastung, in denen Sie das Frettchen noch sorgsamer als sonst pflegen müssen. Seine Widerstandsfähigkeit ist dann herabgesetzt, wenn dem Körper eine erhöhte Leistung abverlangt wird. Das trifft zu für Jungtiere, für Fähen während der Säugezeit, beim Haarwechsel sowie bei plötzlich auftretenden Klimaveränderungen, denen sich ein Frettchen nicht unmittelbar anpassen kann. Die besten Vorbeugemaßnahmen, die wesentlich zur Gesunderhaltung beitragen, sind artgemäße Haltung, Fütterung und Pflege, so wie sie in den vorangegangenen Kapiteln beschrieben wurden.

Die ersten Krankheitszeichen

Wenn Sie sich regelmäßig mit Ihrem Frettchen beschäftigen, wird Ihnen eine Veränderung im Verhalten und Erscheinungsbild sofort auffallen. Kommt es wie immer schnell aus seiner Schlafkiste geschlüpft, wenn Sie es füttern möchten? Hat es einen guten Appetit, ist es lebhaft und munter? Ist seine Verdauung in Ordnung? Hat das Frettchen keinen Durchfall oder Verstopfung? Ist sein Fell glatt, dicht, seidig und glänzend: Frei von jeglichem Ungeziefer? Sind die Augen sauber und wach? Befindet sich Schmutz in den Ohrmuscheln? Hockt es teilnahmslos in seiner Schlafkiste, frißt es schlecht oder gar nicht, ist der Blick trübe und starr, der Bauch aufgebläht oder sehr abgemagert? Kratzt es sich ständig, atmet es unregelmäßig, zeigt es sonstige auffällige Verhaltensweisen?

Beobachten Sie Ihr Frettchen genau, damit Sie rechtzeitig eine mögliche Erkrankung erkennen und frühzeitig mit einer Therapie durch einen Fachtierarzt beginnen können.

Entwurmung

Frettchen werden oft von Spulwürmern befallen. Erwachsene Tiere infizieren sich durch die Wurmtiere, die sie durch die Nahrung oder vom Fell aufnehmen. Frettchenwelpen werden meist direkt durch die Muttermilch mit Wurmlarven infiziert. Würmer schwächen die Widerstandskraft gegen Infektionskrankheiten und können den Impfschutz beeinträchtigen. Es ist deshalb ratsam, daß Sie Ihr Frettchen regelmäßig vom Tierarzt auf Würmer hin untersuchen lassen. Als Faustregel gilt, alle drei Monate ein Frettchen mit einer handelsüblichen Entwurmungspaste wie zum Beispiel Banminth Katze® nach Packungsvorschrift zu entwurmen oder dadurch vorzubeugen. Welpen sollten, sobald sie beginnen feste Nahrung aufzunehmen, in Abständen von einer Woche bis zur Entwöhnung entwurmt werden. Auch Kokzidien, kleine einzellige Lebewesen, können besonders nach sehr plötzlichem Futterwechsel oder Streßsituationen zu schweren Jungtierdiarrhoen führen, die eine spezifische Therapie durch den Tierarzt notwendig machen.

Impfungen gegen Infektionen

Frettchen sollten in regelmäßigen Abständen gegen einige für die Gesundheit bedrohliche Infektionskrankheiten schutzgeimpft werden. Im Folgenden habe ich die beiden wichtigsten Krankheiten aufgezählt, gegen die der Tierarzt Frettchen vorbeugend impfen kann, da diese Krankheiten bei ungeimpften Tieren meist unheilbar oder sehr ansteckend sind.

Impfplan für Frettchen

Impfung	Staupe	Tollwut	Bemerkung 1. Staupe/ 2.Tollwut
Erstimpfung möglich im Alter von	6-8 Wochen	13 Wochen	1. Lebendimpfstoff, inaktive Impfstoffe kaum immunogen
Wiederholungsimpfung	4 Wochen	nicht erforderlich	2. Bei Freigängern oder Außengehege
Wiederholungsimpfung zur Aufrechterhaltung des Impfschutzes	nach 1 Jahr	nach 1 Jahr	

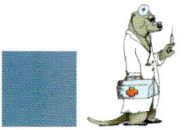

Tollwut - Staupe

Tollwut ist eine anzeigepflichtige Viruserkrankung, die durch Bisse auf andere Tiere und sogar auf Menschen übertragen wird. Frettchen können sich durch einen Hundebiß oder durch Bisse von Mardern, Füchsen und Wildkaninchen bei der Frettierjagd im Bau infizieren.

An Tollwut erkrankte Frettchen sind stark erregt und meist bissig. Im späteren Krankheitsverlauf werden sie apathisch und gelähmt. Besteht der Verdacht, daß das Frettchen tollwütig ist, muß es sofort zu einem Tierarzt gebracht werden. Bestätigt sich die Annahme, sind erkrankte Tiere unverzüglich einzuschläfern. Eine Schutzimpfung gegen Tollwut ist ab der dreizehnten Lebenswoche möglich und sollte bei Freigängern und Haltung in einem Außengehege einmal jährlich wiederholt vorgenommen werden.

Frettchen, die an dem **Staupe**-Virus erkranken, sind meist apathisch, verweigern ihr Futter und schlafen mehr als üblich. Fieber, Augen- und Nasenfluß sind weitere Symptome für eine Staupeerkrankung. Später stellen sich noch verkrustete Ekzeme an den Extremitäten ein, wobei der Krankheitsverlauf meist so schwächend für das Tier ist, daß es nach wenigen Tagen eingeht. Eine erfolgreiche Behandlung durch einen Tierarzt ist bis heute noch nicht möglich. Um dieser tödlichen Infektion vorzubeugen, sollte man Frettchen schon ab der sechsten Lebenswoche schutzimpfen lassen. Die zweite Impfung der Welpen erfolgt dann in der Regel im Alter von zwölf Wochen. Da eine geimpfte Fähe den Impfschutz gegen Staupe in den ersten Lebenswochen der Welpen auf diese überträgt, sollte man sämtliche zur Zucht verwandten Fähen impfen lassen. Die Schutzimpfung gegen Staupe ist jährlich zu wiederholen. Achten Sie bitte darauf, daß Hunde und Katzen, mit denen Frettchen in näheren Kontakt kommen, ebenfalls gegen Staupe schutzgeimpft sind.

Kastration

Bei einer Kastration werden die hormonproduzierenden Keimdrüsen operativ entfernt. Beim Frettchenrüden sind dies die Hoden, bei der Fähe die Eierstöcke. Nach einer Kastration werden keine Geschlechtshormone mehr produziert. Die Belästigungen des Geschlechtsverhaltens, das verstärkte Einsetzen der Stinkdrüsen, fallen weg. Es ist verständlich, wenn ich empfehle, jedes nicht zur Zucht vorgesehene Frettchen kastrieren zu lassen. Sie haben mit einem „neutralen" Frettchen mehr Freude als an einem potenten Zuchttier. Die Kastration hat weder für einen Rüden noch für eine Fähe negative Auswirkungen auf das Wohlbefinden. Auch einer unkontrollierten Vermehrung wird durch Kastration vorgebeugt. Frettchen können ab einem Alter von etwa zehn Monaten von einem Fachtierarzt problemlos kastriert werden.

Botulismus

Erreger: Clostridium botulinum
An Botulismus erkranken Frettchen meist durch verdorbenes Futter. Die Clostridium-Bakterien gedeihen unter Luftabschluß hervorragend. Das heißt, daß Frischfutter, welches in verschlossenen Plastiktüten oder Gefäßen zu lange und unter Wärmeeinfluß aufbewahrt wird, ein besonders guter Nährboden für das sich bildende Gift ist. Deshalb sollten Sie das Futter immer frisch verfüttern und bei Unsicherheit eher wegwerfen. An Botulismus erkrankte Frettchen zeigen oft schon nach kurzer Zeit Lähmungen der Extremitäten, die sich langsam über den gesamten Körper hinziehen. Darüber hinaus speicheln infizierte Tiere stark und leiden unter Atemnot, wobei sie meist völlig apathisch wirken. Auch diese Krankheit verläuft ohne Ausnahmen tödlich.

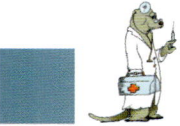

Influenza

Frettchen sind für menschliche Grippeviren empfänglich. Dabei kann sowohl der erkrankte Halter sein Frettchen, aber auch umgekehrt das Tier den Menschen anstecken, was als Anthropozoonose bezeichnet wird. Die behandlungsbedürftige Infektion dauert ein bis zwei Wochen und ist mit Fieber, Nasenausfluß und Apathie meist auf den oberen Atmungstrakt beschränkt. Eine Impfung der Tiere dagegen ist nicht möglich.

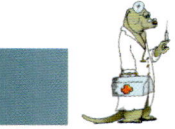

Flöhe - Zecken - Milben

Besonders Frettchen, die im Freien gehalten werden, werden oft von sogenannten Parasiten befallen, die dem Tier meist unangenehm sind und auch dem Besitzer keine Freude machen, da sie sich auch in der Wohnung niederlassen können. Im Folgenden habe ich einige wichtige Parasitenarten aufgeführt.
Frettchen, die von **Flöhen** befallen werden, kratzen sich viel, zeigen Hautveränderungen sowie Rötungen und sind infolge des starken Juckreizes nervös. Tiere, die ständigen Kontakt zu Hunden oder Katzen haben, können sich mit speziellen Hunde- oder Katzenflöhen infizieren. Flöhe können darüber hinaus Überträger von Bandwurmeiern sein.
Gut wirkende Flohmittel erhalten Sie beim Tierarzt. Wichtig ist vor allem, daß Sie die Schlafkiste und den gesamten Käfig besonders gut desinfizieren, um sicher zu gehen, daß Sie auch sämtliche Floheier und Larven abgetötet haben.

Zecken lassen sich von Büschen oder Gräsern auf die Tiere fallen. Sie verbeißen sich in der Kopfhaut oder an anderen Körperpartien, um Blut aus ihren Opfern zu saugen. Nach wenigen Tagen haben sie sich schon so voll Blut gesogen, daß sie dem Besitzer meist als erbsengroßes, grauglänzendes Gebilde auffallen. Um die Zecke schadlos aus der Haut entfernen zu können, sollten Sie eine spezielle Zeckenzange verwenden. Durch mehrfache Drehung in beliebiger Richtung ohne Zug kann das Tier mit Kopf ohne Quetschung entfernt werden. Jede Vorbehandlung der Zecke mit Öl oder anderen Mitteln führt wie das Quetschen des Zeckenkörpers mit der Pinzette dazu, daß die Zecke ihren mit Infektionserregern angereicherten Speichel in die Blutbahn des Wirtstieres entleert. Achten Sie auch darauf, daß Sie auch den Kopf der Zecke entfernen, da er schnell zu eitrigen Entzündungen führen kann, wenn er in der Haut stecken bleibt.

Ohrmilben setzen sich in den Ohrmuscheln der Frettchen fest und verursachen übelriechende Ausflüsse und Krustenbildungen. Häufig leiden befallene Marderartige unter starkem Juckreiz und kratzen sich blutig. Schwarze Verkrustungen im Ohr weisen fast immer auf Ohrmilben hin, die dann mit einer Milbenpaste, die bei jedem Tierarzt erhältlich ist, behandelt werden müssen. Schlechte Haltungs- und Pflegebedingungen begünstigen den Befall mit **Räudemilben**. Dabei kommt es unter heftigem Juckreiz zum Befall des ganzen Frettchen-Körpers mit Haarverlust und borkigen Hautauflagerungen. Auch die lokale Erkrankung der Pfoten ist möglich.

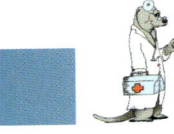

Haut und Haarkleid

Haarwechsel ist keine Krankheit, sondern ein natürlicher Prozeß, der bei Frettchen zweimal jährlich stattfindet. In den Frühjahrsmonaten März bis Mai verliert das Frettchen seinen Winterpelz. Die dichte Unterwolle wird völlig abgestoßen, so daß die Tiere nur noch das dünne, harte Grannenhaar tragen. Im Herbst, von Oktober bis November, bauen Frettchen ihr Fell wieder auf. Die Unterwolle wächst nach, der Pelz wird dicht und füllig, damit sie im Winter gegen Kälteeinbrüche besonders gut geschützt sind. Während des Fellwechsels sollten Sie Ihr Frettchen mit einer weichen Rosshaarbürste kämmen, um den Kreislauf zu stimulieren und die toten, abgestorbenen Haare zu entfernen. Da der Haarungsprozeß die Tiere schwächt, empfiehlt es sich, eine Fellkur während dieser Zeit durchzuführen, um dem Frettchen alle Nährstoffe, die es jetzt besonders benötigt, zuzuführen. Neben Protein- oder Vitamingaben können auch sogenannte mehrfach ungesättigte Fettsäuren und Zinkgaben hilfreich sein. Geeignete Präparate sind beim Tierarzt erhältlich, wobei sich Murnil (Firma Bayer) oder Efa-Z (Firma Virbac) als besonders schnell wirksame Präparate erwiesen haben.

Zunehmende Haarlosigkeit (Alopezie) bei intakter Haut, also ein fehlender Ersatz der ausgehenden Haare, hingegen kann ein Zeichen für eine innere Erkrankung sein. Bei nicht kastrierten weiblichen Frettchen kann eine zunehmende Haarlosigkeit des Schwanzes und des Bauches ein ernstzunehmendes Symptom einer Dauerranz und eines beginnenden Hyperöstrogenismus sein. Bei mittelalten bis älteren kastrierten Frettchen beiderlei Geschlechts ist bei einer im hinteren Teil des Körpers beginnenden Haarlosigkeit mit Juckreiz auch an eine Überfunktion der Nebennieren zu denken (s.S.69). Auch der Befall mit Parasiten oder Hautpilzen führt zu entzündlichen Veränderungen der Haut und Haarverlust, die von einem Tierarzt behandelt werden sollten.

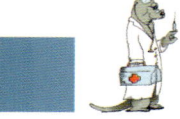

Vergiftungen und Fremdkörper

Frettchen stöbern während ihres Freilaufes in der Wohnung in allen offenen Schränken und Behältern herum. Finden sie dabei stark gesalzenes Fleisch (Schinken, Salami), wird dies meist an Ort und Stelle verzehrt. Aber schon ein geringer Prozentsatz an Kochsalz reicht aus, um bei Frettchen giftig zu wirken. Auch sämtliche Putz-, Desinfektions- und Reinigungsmittel sollten vor Frettchen gesichert werden, um Vergiftungen vorzubeugen. Meist wirken solche Mittel sofort auf das Nervensystem des Frettchens, wobei Lähmungen und Krämpfe entstehen. Weitere typische Vergiftungssymptome sind Erbrechen und Atemnot. Bei Verdacht auf eine Vergiftung durch zuviel Kochsalz sollten Sie dem Frettchen sofort frisches Wasser mit einer Pipette einträufeln. Vergiftungen durch starke chemische Lösungen müssen allerdings sofort von einem Tierarzt behandelt werden. Eine ernsthafte Gefahrenquelle bei ihren Erkundungsgängen stellen vor allem für neugierige und unerfahrene Jungtiere Schwämme, Ohrstöpsel oder Gummiartikel dar. Diese werden zerkaut und abgeschluckt, was häufig zum gefürchteten Darmverschluß (Ileus) führt. Frettchen zeigen dabei selten Erbrechen, sondern meist nur Appetitlosigkeit, Speicheln, Müdigkeit und manchmal Durchfall. Eine frühzeitige operative Entfernung des Fremdkörpers ist meist unumgänglich.

▲ *Vorsicht! Putzmittel sind sehr giftig.*

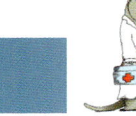

Augenkrankheiten

Frettchen, deren Käfige an sehr zugigen Orten stehen, leiden oft unter Augenentzündungen, die sich durch Rötung der Bindehaut und Tränenfluß bemerkbar machen. Sie können eine leichte Augenrötung schnell mit einigen handelsüblichen Augentropfenbehandeln, wobei Ihnen der Tierarzt gerne eine für Frettchen geeignete Marke nennen wird. Augenentzündungen müssen von einem Tierarzt behandelt werden.

◆ *Behandlung der Entzündung durch Augensalbe.*

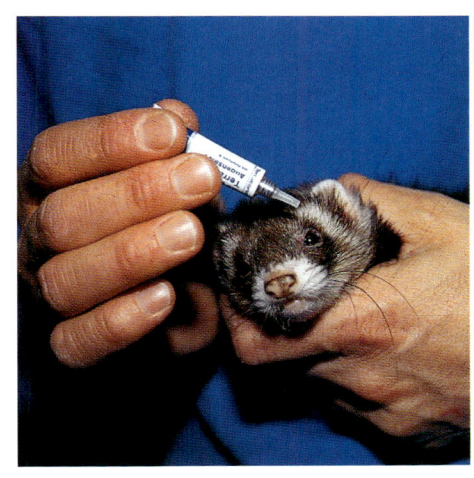

Zahnstein

Besonders ältere oder schlecht ernährte Frettchen, die fast ausschließlich mit Weich- und Dosenfutter gefüttert werden, leiden unter gelblichem Zahnstein.

Die Backenzähne sind davon am stärksten betroffen. Frettchen, die unter Zahnstein leiden, riechen meist ekelerregend aus der Maulhöhle. Zahnstein sollte von einem Fachtierarzt sofort entfernt werden, da er dem Frettchen auf Dauer schadet.

◆ *Kontrollieren Sie regelmäßig die Zähne des Frettchens auf Zahnstein.*

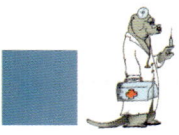

Durchfall

Frettchen erkranken des öfteren an Durchfall. Meist ist verdorbenes oder unbekömmliches Futter die Ursache für dünnbreiigen Kot, wobei das Fell um den After herum verschmutzt wirkt. Die Darmtätigkeit des Frettchens ist gestört und muß dementsprechend kuriert werden. Sie sollten dem Frettchen zuerst sein Futter für etwa 24 Stunden entziehen und darauf achten, daß es soviel wie möglich trinkt, damit ihm die verlorene Flüssigkeit wieder zugeführt wird. Nach einem Tag füttern Sie ein wenig gekochtes, sehr mageres Muskelfleisch wie zum Beispiel Herz. Auch Leber oder ein wenig Trockenfutter kann dem Patienten verabreicht werden. Legt sich der Durchfall nicht innerhalb von zwei Tagen oder ist der Stuhl mit Blut oder Schleim versetzt, kann eine gefährliche Darmentzündung vorliegen, die sofort vom Tierarzt behandelt werden muß. Gehen Sie kein Risiko mit einer Selbstbehandlung ein, sondern überlassen Sie die Diagnose besser dem Tierarzt.

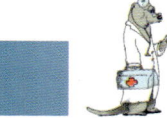

Verletzungen

Bißverletzungen durch andere Frettchen oder Hunde sollten zuerst mit einem sehr milden Desinfektionsmittel oder etwas Kamillentee gereinigt werden. Anschließend gibt man eine Wund- und Heilsalbe zum Wundschutz darüber. Größere Bißwunden sollten Sie besser von einem Fachtierarzt chirurgisch behandeln lassen. Fähen, die beim Deckakt vom Rüden ins Nackenfell gebissen werden, brauchen meist nicht von einem Tierarzt behandelt werden, da diese kleinen Wunden von selbst heilen und nur gelegentlich zu desinfizieren sind. Eine andere Verletzung, die bei Frettchen immer wieder zu beobachten ist, sind Fremdkörper innerhalb der Maulhöhle. Meist stecken spitze Strohhalme oder kleinste Röhrenknochen im Maul, die bei Nichtentfernung zur Beeinträchtigung der Futteraufnahme und zu eitrigen Entzündungen führen.

▲ *Vorsicht beim Freilauf – Frettchen können sich vielerorts verletzen.*

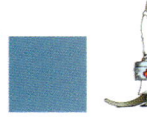

Erkrankung der Nebennierenrinde

Die krankhafte Vergrößerung einer oder beider Nebennieren führt bei älteren Tieren zu Veränderungen, die dem Krankheitsbild der Dauerranz sehr ähneln. Die Nebennieren sind als kleine, wichtige Hormondrüsen am vorderen Pol der Nieren gelegen. Auffällig sind zu Beginn der Erkrankung eine sich ausbreitende Haarlosigkeit im Bauch-und Schwanzbereich, Juckreiz und zunehmendes Ranzverhalten bei kastrierten (!) Tieren. Weibliche Tiere zeigen eine Vulvaschwellung, die der nicht kastrierter Fähen entspricht. Die Diagnose und Therapie dieser Erkrankung ist recht anspruchsvoll und erfordert in den meisten Fällen einen operativen Eingriff durch einen Fachtierarzt.

Herzerkrankungen

Besitzer älterer Frettchen sollten sorgfältig auf erste Anzeichen einer möglichen Herzerkrankung achten. Erhöhtes Schlafbedürfnis, verminderte Ausdauer, verstärkte Atemtätigkeit oer Gewichtsverlust sind meist keine normalen Veränderungen im Rahmen des Alterungsprozesses, sondern Folgen einer fortschreitenden Herzmuskelerkrankung. Das Herz als zentrale Pumpe des Kreislaufsystems verliert dabei zunehmend die Fähigkeit, sich den unterschiedlichen Belastungen anzupassen. Immer weniger Blut wird dabei in die Lungen zum Sauerstoffaustausch oder in den Körperkreislauf befördert. Der Rückstau von sauerstoffarmem Blut vor dem Herzen führt zu lebensbedrohlichen Störungen des Körperkreislaufes mit Flüssigkeitsergüssen in Bauch- oder Brusthöhle. Frettchen in der zweiten Lebenshälfte sollten deshalb mindestens einmal im Jahr im Rahmen der Jahresimpfungen einer gründlichen Allgemeinuntersuchung mit Kontrolle des Herz/Kreislaufsystems unterzogen werden. Moderne diagnostische Möglichkeiten erlauben auch beim Frettchen eine frühzeitige Diagnose und eine effektive Therapie der gestörten Herzfunktion.

▲ *Ein jährlicher "Herz-Check" des älteren Frettchens ist empfehlenswert.*

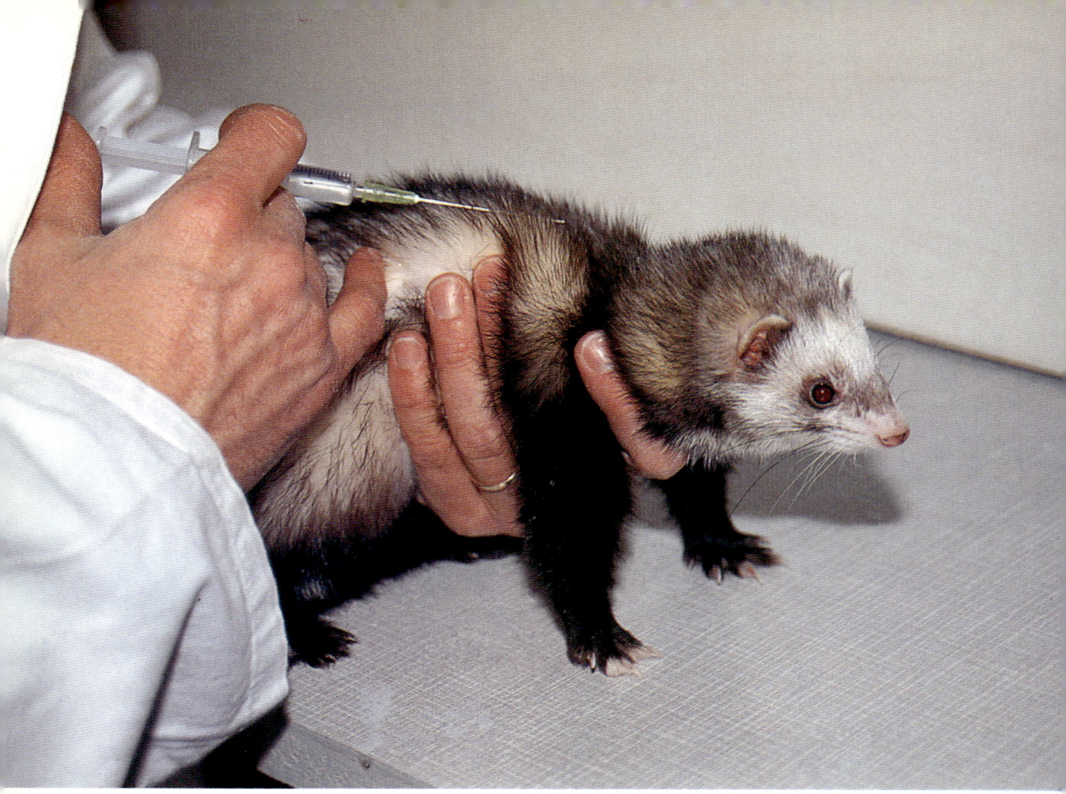

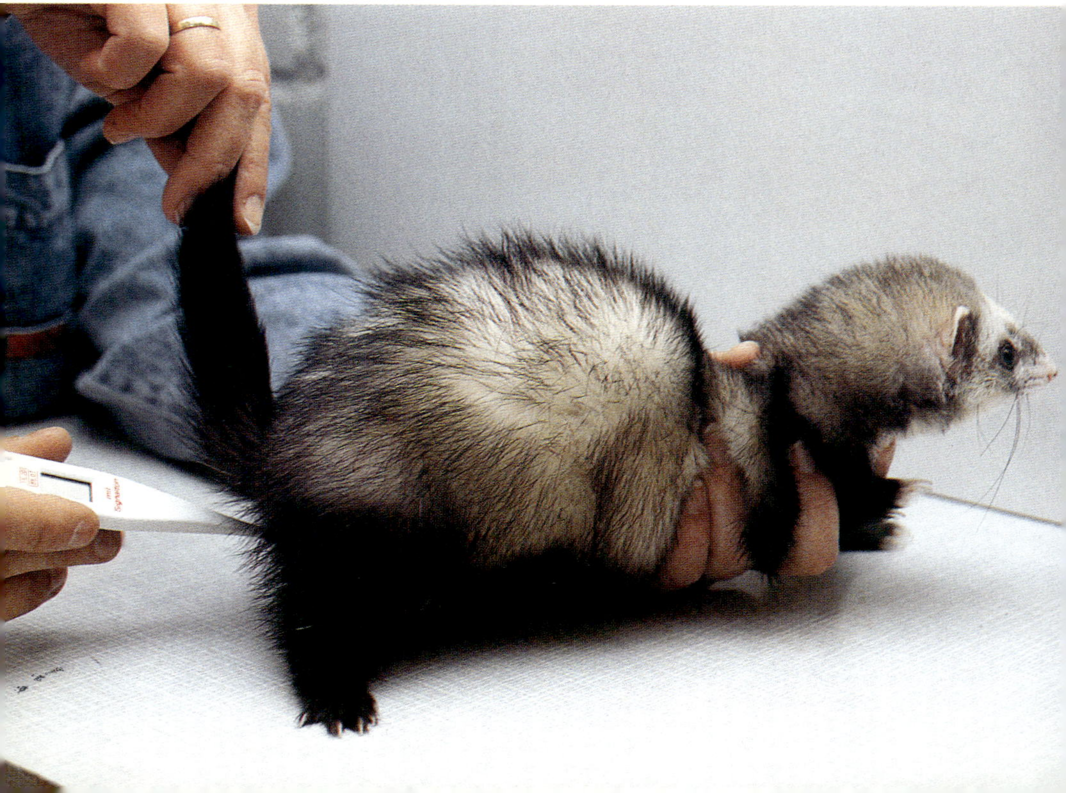

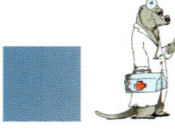

Entfernung der Analbeutel

Der strenge Wildgeruch des Frettchens wird durch die sich am Darmausgang befindlichen Analbeutel erzeugt. Um den Eigengeruch des Frettchens zu unterdrücken, müßten die Analbeutel operativ entfernt werden. Dies ist aber verboten, wenn keine Entzündung oder andere Krankheit vorliegt. Analbeutel und Stinkdrüsen gehören nun einmal zu einem Frettchen, es benötigt sie für sein Revier- und Kampfverhalten, so daß eine Entfernung eine körperliche Behinderung darstellt. Schon vor der Anschaffung sollten Sie sich darüber im klaren sein und das Frettchen so akzeptieren, wie es ist, nämlich mit seinen „Geruchs-Drüsen". Extrem geruchsempfindlichen Menschen ist deshalb von der Anschaffung eines Frettchens abzuraten.

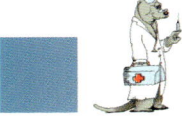

Schmerzloses Töten

Wenn das Frettchen nach einem Unfall, infolge einer unheilbaren Krankheit oder altersbedingter Schwäche nicht mehr schmerzfrei leben kann, sollten Sie das Tier von einem Tierarzt durch eine Injektion einschläfern lassen. Es ist die einfachste und humanste Art, ein Tier zu töten. Dabei empfindet das Frettchen keinerlei Schmerzen oder Angst und schläft in wenigen Sekunden ein. Die Tötung eines lang vertrauten Tieres und vielleicht Freundes ist für niemanden leicht, doch sollten Sie dem Tier sein Leben im Alter nicht durch falsche Tierliebe unnötig verlängern. Bedenken Sie, wie lange Sie Freude an dem Tier hatten. Es ist unter Umständen besser, das Frettchen schmerzlos von seinen Leiden zu befreien.

▲ *Frettchen-Veteran.*

◆ *Foto auf Seite 70 o.: Der Tierarzt impft Frettchen einmal pro Jahr.*

◆ *Foto auf Seite 70 u.: Die Temperatur des Frettchens liegt normalerweise zwischen 38⁰C und 39⁰C Grad Celcius. Fieber wird mit einem handelsüblichen Thermometer gemessen.*

Zucht und Vermehrung

Kontrollierte Zucht

Bei vielen Tierfreunden, die eine Zeit lang eine Tierart mit Erfolg gepflegt haben, ensteht der Wunsch, es auch einmal mit der Zucht zu versuchen.

Erst die erfolgreiche Aufzucht von Jungtieren gibt ihnen das Gefühl, die Tiere besonders gut und umsorgend gepflegt zu haben.

Züchtersprache

In Fachzeitschriften oder Büchern über Pelztiere werden Sie immer wieder Fachausdrücke finden, deren Bedeutung Sie wahrscheinlich noch nicht kennen, die Sie aber zum besseren Verständnis kennen sollten.

Fachausdrücke

Fachausdruck	Bedeutung
Rüde	Männliches Frettchen
Fähe	Weibliches Frettchen
Wurf, Geheck	Die Jungtiere einer Fähe
Welpen	Die Frettchenbabies
Tragzeit	Schwangerschaft
Ranzzeit	Zeit, in der Frettchen paarungsbereit sind
Deckakt	Paarungsakt
Säugen	Stillen
Losung	Kot
Rute	Schwanz
Branten	Pfoten
Vulva, Schnalle	Scham/äußeres Genitale
Seher	Augen
keckern, muckern	Lautäußerungen bei Frettchen
Granne	hartes Stichelhaar
Unterwolle	weiches, flaumartiges Fell, das unter der Granne liegt

Überlegungen vor der Zucht

Meist ist es die Freude am Beobachten der biologischen Abläufe von Trächtigkeit und Geburt bei Tieren, die es so reizvoll machen, Nachwuchs aufzuziehen. Bevor Sie sich aber entscheiden, mit Ihrem Frettchen zu züchten, sollten Sie einige wesentliche Dinge beachten und vorher überlegen, was mit der Aufzucht von jungen Frettchen auf Sie zukommt.

Denken Sie daran, daß es nicht nur Freude bereitet, Frettchen aufzuziehen, sondern daß es in erster Linie auch viel Arbeit macht und Ihnen eine enorme Verantwortung überträgt. Vielleicht werden Sie Ihre Fähe von einem fremden Rüden decken lassen, oder Sie besitzen sogar einen eigenen Deckrüden. Folglich brauchen Sie zuerst einmal viel Platz. Mindestens zwei Käfige für das Pärchen und nochmals einen getrennten Käfig für die Welpen, wenn diese im Alter von acht bis zwölf Wochen von der Mutter getrennt werden. Haben Sie außerdem daran gedacht, ob Sie in der Zeit, in der die Jungen geboren werden, auch selbst genügend freie Zeit haben, um sich um die Welpen und die säugende Fähe kümmern zu können? Sie müssen auch daran denken, daß die Welpen alle an gute Plätze weitervermittelt werden müssen und daß Sie nicht alle Welpen behalten können. Die Mutter benötigt in der Trag- und Säugezeit viel Aufmerksamkeit und besonders nahrhaftes Futter. Haben Sie dafür Verständnis? Ab einem Alter von etwa drei Wochen müssen die Welpen mindestens dreimal täglich gefüttert werden. Wer hilft Ihnen dabei, falls Sie berufstätig sind?

Was sagen Ihre Kinder zu dem geplanten Nachwuchs? Klären Sie die Kinder rechtzeitig darüber auf, was da mit Ihrer Fähe passiert, warum Sie immer rundlicher wird und weshalb sie bei der Geburt blutet. Sprechen Sie mit Ihren Kindern darüber, daß eventuell Komplikationen bei der Geburt auftreten. Es können sogar Jungtiere sterben, aus welchen Gründen auch immer.

Erst dann, wenn Sie sich im klaren darüber sind, daß Sie mit dem Vorhaben, Nachwuchs aufziehen zu wollen, eine Verantwortung gegenüber der Mutterfähe und den Welpen tragen und diese verständnisvoll und pflichtbewußt übernehmen möchten und vor allem können, dann erst rate ich Ihnen zu einem Zuchtversuch. Es gibt leider immer wieder Menschen, die Ihre Frettchen wahllos und ohne jegliche Vorbereitungsmaßnahmen verpaaren, dann die Welpen sich selbst und der Mutterfähe überlassen und sich kaum darum kümmern, ob sich die Welpen gut entwickeln und die umsorgende Pflege bekommen, die sie in den ersten Lebenswochen nötig haben. Lassen Sie also Ihre Fähe nie aus einer Laune heraus decken, ohne an die spätere Arbeit und den Pflegeaufwand der Welpen zu denken.

◆ *Foto auf Seite 74:*
Panda-Iltisfrettchen – Rüde.

Die Auswahl der Zuchttiere

Nicht jedes Frettchen ist zur Zucht geeignet. Manche Tiere sind von Geburt an unfruchtbar, andere wiederum neigen zu Kanibalismus und fressen ihren Nachwuchs nach der Geburt auf. Sie sollten deshalb den Nachwuchs planen und die Elterntiere aussuchen, die ohne größere Komplikationen ihre Welpen aufziehen werden. Dabei sollten Sie folgende Punkte beachten, damit der züchterische Erfolg gesichert ist.

Beide Elterntiere müssen völlig gesund sein und dürfen keine Erbkrankheiten aufweisen. Die Tiere sollten sich zum Zeitpunkt der Verpaarung nicht im Haarwechsel befinden, dieser belastet sie nur zusätzlich. Das Alter der Zuchttiere spielt eine große Rolle. Frettchen werden zwischen dem neunten und zwölften Lebensmonat geschlechtsreif. Zu diesem Zeitpunkt sollten sie Wurfgeschwister demnach spätestens voneinander trennen, um Inzucht zu vermeiden. Fähen, die zu früh gedeckt werden, können davon Schäden erleiden und sind oft schlechte Muttertiere, die ihren Nachwuchs vernachlässigen oder gleich nach der Geburt auffressen. Ich rate Ihnen deshalb, die Fähe erst ab einem Alter von 12 bis 15 Monaten, je nach Jahreszeit, decken zu lassen. Sie ist dann in der Lage, ihre Jungtiere ordnungsgemäß zu gebären und aufzuziehen.

Das Fortpflanzungssystem

Die biologischen Vorgänge der Fortpflanzung bei Säugetieren sind ein recht komplexes, aber auch sehr interessantes Thema, so daß es sicher lohnt, sich damit einmal näher zu beschäftigen, was mit den Tieren und ihrem Körper passiert, wenn sie zeugungsfähig werden und während sie Jungtiere aufziehen.

Außerdem sind Informationen über das spezielle Fortpflanzungssystem bei Frettchen sicherlich von Nutzen, wenn es darum geht, Vorsichtsmaßnahmen zu ergreifen, die der Gesundheit der Zuchttiere dienen.

Frettchen sind nur zu einer bestimmten Jahreszeit paarungsbereit. Die Welpen werden im Frühling und im Sommer geboren und nie in kalten Wintermonaten. Dies hat die Natur so eingerichtet. Wahrscheinlich ist dieser Schutzmechanismus darauf zurückzuführen, das die Welpen reichlich Futter und Wasser finden und somit die Lebenschancen enorm gesteigert werden.

Der jährliche Zyklus der sexuellen Aktivität und Inaktivität wird durch helles Licht und Dunkelheit gesteuert. Zum Frühlingsbeginn werden die Tage länger, während die Nächte kürzer werden. Der Wechsel der Tageslänge wird von der Netzhaut des Auges wahrgenommen, so daß entsprechende Signale an das Gehirn weitergeleitet werden. Diese Signale werden an die Hirnanhangdrüse weitergegeben, die nun das „follikelstimulierende Hormon" – kurz FSH genannt – ins Blut absondert. Auf diese Weise wird auch die Produktion jener Hormone in Gang gesetzt, die die sexuelle Aktivität steuern. Dadurch, daß die Länge des Tages und nicht etwa die Temperatur als auslösender Faktor für die Fortpflanzungsbereitschaft verantwortlich ist, werden Abweichungen wie Früh- oder Spätgeburten weitgehend vermieden. Es wurde festgestellt, daß die Temperatur keinen Einfluß auf den reproduktiven Zyklus bei Frettchen ausübt, ebensowenig wie es der allmähliche Anstieg der Länge des Tages tut. Vielmehr ist es die Intensität, die Wellenlänge und die Dauer des Lichteinfalls selbst, welche diesen Zyklus in Verbindung mit der Länge der Nachtphase beeinflussen.

Die sexuelle Aktivität der Fähe

Die komplexen Wechselbeziehungen der Sexualhormone steuern den gesamten Fortpflanzungszyklus der Fähe von Beginn der Ranzzeit bis zur Entwöhnung der Welpen. Wie bei allen anderen Säugetieren auch bewirkt das FSH, das von der Hirnanhangdrüse ausgeschüttet wird, das Heranreifen der Eizellen in den Eierstöcken. Deutliche Veränderungen an den äußeren und inneren Geschlechtsorganen sind die Folge. Die Vulva schwillt etwa auf Haselnußgröße an. Dabei wird eine leicht klebrige Flüssigkeit abgesondert, die häufig die gesamte Unterseite der Hinterbeine des Unterleibs und der Schwanzgegend benetzt, was zu einer Verstärkung des Körpergeruchs während dieser Zeit führt. Der Eisprung, Voraussetzung für die Befruchtung einer Eizelle, wird durch die plötzliche Ausschüttung größerer Mengen von luteinisierendem Hormon (LH) ausgelöst. Während dies beim Menschen und bei den meisten Tieren periodisch in bestimmten Zeitfolgen ohne äußere Einflüsse abläuft, wird dieser Vorgang beim Frettchen (und bei Katze und Kaninchen) nur durch den Deckakt ausgelöst. Dies bezeichnet man als induzierte oder Spontanovulation.

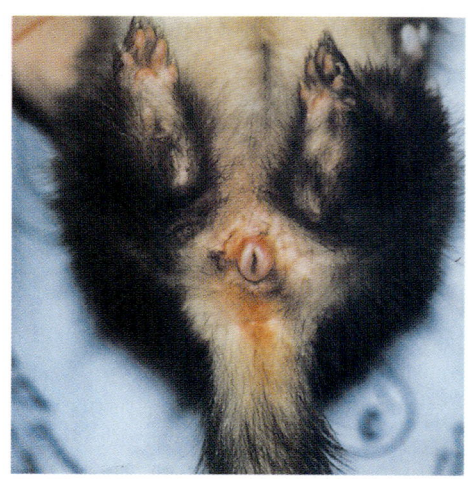

▲ *Während der Ranzzeit schwillt die Vulva der Fähe kirschgroß an. Jetzt ist sie fortpflanzungsbereit und kann erfolgreich befruchtet werden.*

76

Die sexuelle Aktivität des Rüden

Beim Rüden bewirkt die FSH Ausschüttung der Hirnanhangdrüse ein vermehrtes Wachstum jener Zellen, die die Aufgabe haben, Nährstoffe heranzutragen und das Wachstum der Spermien zu ermöglichen. Das LH veranlaßt die Hoden, das männliche Sexualhormon Testosteron zu produzieren. Sobald eine gewisse Konzentration LH im Blut erreicht ist, beginnt der Rüde bestimmte sexuelle Verhaltensweisen, wie zum Beispiel das Bespringen der Fähe, auszuüben. Während eine geringe Erhöhung des Testosteronspiegels genügt, um eine Begattung auszulösen, muß dieser jedoch drastisch erhöht werden, um zur Produktion von ausgereiften Spermien zu führen. Dies heißt, daß der Rüde Paarungsbereitschaft signalisiert, bevor er überhaupt befruchtungsfähige Spermien produziert. In dieser Phase kann es zur sogenannten „sterilen Begattung" kommen, so daß bei der Fähe dennoch der Eisprung ausgelöst wird und die Vulva abschwillt. Die Fähe wird allerdings nicht erfolgreich befruchtet werden.

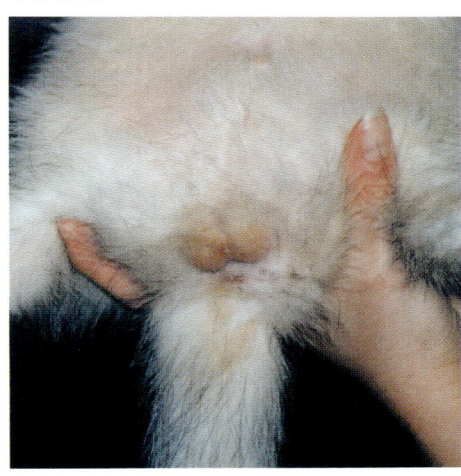

▲ *Die Paarungsbereitschaft des Rüden ist durch die vergrößerten und leicht angeschwollenen, nach außen hin vortretenden Hoden zu erkennen.*

Die Paarung

Ein bis zwei Tage nach dem Paarungsakt, der bis zu 30 Minuten dauern kann, kommt es durch die plötzliche Ausschüttung großer Mengen von LH zum mehrfachen Eisprung. Während sich die Eizellen in den Eileitern befinden, können sie von männlichen Spermien befruchtet werden.Die ranzende Fähe sollte für den Deckakt in den Käfig des Rüden gesetzt werden. Kurz nachdem die Fähe zum Rüden gelangt, wird dieser mit lautem Muckern seine Paarungsbereitschaft anzeigen. Instinktiv verbeißt der Rüde sich nun im Nackenfell der Fähe, um sie so zur eigentlichen Paarung zu bringen. Für den Außenstehenden wirkt diese Art der Paarung meist sehr brutal, jedoch werden der Fähe dabei keine Verletzungen zugeführt. Damit der Rüde die Fähe nach einer erfolgreichen Befruchtung nicht unnötig belästigt, sollte die Fähe spätestens nach 24 Stunden vom Rüden getrennt werden.

Während der Trag- und Säugezeit ist es ratsam, den Rüden von der Fähe getrennt zu halten, da die Fähe im Laufe der Tragzeit zunehmend unruhiger wird und auch nach der Geburt der Welpen ungestört sein will. Außerdem neigen Rüden immer wieder dazu, die frischgeborenen Welpen zu töten, so daß schon aus Vorsicht gegenüber den Welpen der Rüde getrennt gehalten werden sollte. Der erfolgreichen Befruchtung folgt der Prozeß der Zellteilung und das Einnisten des Fötus in die Gebärmutterschleimhaut. Wenige Tage nach der Befruchtung beginnt die Vulva wieder zu schrumpfen. Wird die Fähe nicht gedeckt, so bleibt sie während der gesamten Paarungszeit etwa von März bis August ranzend. Dies führt bereits nach vier bis sechs Wochen zu einer gefährlichen Erhöhung des körpereigenen Östrogenspiegels im Blut. Da Frettchen den toxischen Wirkungen des Östrogen gegenüber sehr empfänglich sind, kommt es bald zu einer Schädigung des Knochenmarks, was zu einer drastischen Verminderung aller weißen und roten Blutzellen und der für die Gerinnung verantwortlichen Blutblättchen führt. Die Folge davon sind Blutarmut (Anämie) und Abgeschlagenheit, Immunschwäche und Blutgerinnungsstörungen.

Während die Vergrößerung der Scham dem Rüden die Befruchtung erleichtert, bereitet sie der Fähe, die nicht zur Zucht verwandt wird, Unannehmlichkeiten. Die geschwollene Vulva bietet hervorragende Grundlagen für Infektionen. Ferner ist die feuchte Umgebung der Gebärmutterschleimhaut eines derart abwehrgeschwächten Tieres ein idealer Lebensraum für Bakterien und andere infektionsauslösende Organismen. Auch der Atmungstrakt, die Nieren und der Herzmuskel sind von diesen bakteriellen Sekundärinfektionen betroffen. Leider sind Infektionskrankheiten in diesem Stadium für Frettchen oft tödlich, weil bereits eine erhebliche Schädigung der Organsysteme vorliegt und eine erfolgreiche Behandlung aufgrund der späten Diagnose der Krankheit meist nicht mehr möglich ist.

Vom Halter wird neben der geschwollenen Vulva zunächst eine zunehmende symmetrische Haarlosigkeit am Schwanz und, sich kopfabwärts ausbreitend, zwischen den Hinterbeinen registriert. Die meisten Frettchenbesitzer bemerken die Erkrankung der Fähe erst, wenn sie zu fressen aufhört, depressiv und apathisch wird, blasse Schleimhäute und oft eine charakteristische Blaufärbung der nichtbehaarten Hautstellen aufweist. Weitere Symptome des als Hyperöstrogenismus bezeichneten Krankheitsprozesses sind Fieber und Austrocknung. Ist das Fieber sehr hoch, fühlt sich die Nase trocken und heiß an. Solch einem Fieberanfall folgt allmählich ein drastischer Temperaturabfall, der dem Tod vorausgeht. Sobald Sie eine Dauerranz vermuten, sollten Sie die Fähe sofort einem Tierarzt vorstellen. Im ärgsten Fall wird die Fähe einer Operation unterzogen und sofort kastriert, was in den meisten Fällen lebensrettend wirkt. Oft ist aber der Zustand der Fähe bereits so schlecht, daß sie eine Operation nicht überleben würde. In solchen Fällen wird der Tierarzt versuchen, den Zustand der Fähe zu stabilisieren, um vielleicht später zu operieren. Um einer Notoperation vorzubeugen, ist es ratsam, daß Sie Ihre Fähe, die keinen Nachwuchs bekommen soll, im Alter von etwa zehn Monaten, also schon vor der ersten Ranz, kastrieren lassen. Sie ersparen dem Frettchen unnötige Leiden, Ihnen selbst Aufregungen und hohe Tierarztkosten.

Hyperöstrogenismus - Dauerranz

Der Eisprung, der das Abklingen der Brunstsymptome bei weiblichen Tieren einleitet, wird beim Frettchen ausschließlich durch den Deckakt des Rüden ausgelöst. Werden Fähen zu Beginn der Ranz nicht mit einem Rüden verpaart, bleiben sie über Monate in der sogenannten Dauerranz. Dieser Zustand, der äußerlich an der stark geschwollenen Vulva zu erkennen ist, führt zu einem starken Anstieg des Geschlechtshormons Östrogen im Blut. Schon nach wenigen Wochen führt dies zur Schädigung des Knochenmarks. Dort befinden sich die Produktionsstätten für alle weißen und roten Blutzellen. Ein fehlender Nachschub dieser Zellen im Blut hat einen lebensbedrohlichen Mangel an roten Blutkörperchen (Anämie), weißen Abwehr- und Immunzellen und den gerinnungsfördernden Blutblättchen (Thromobzyten) zur Folge. Äußerlich erkennbar ist diese schwere Schädigung an den blassen Schleimhäuten, Schwäche, Infektionsanfälligkeit, Blutungen in der Unterhaut und einer zunehmenden Haarlosigkeit von Schwanz und Unterbauch.

Obwohl eine Kastration der Tiere zu diesem Zeitpunkt dringend geboten ist, sind viele Fähen nicht operationsfähig. Solche Frettchen sind Intensivpatienten und bedürfen zuvor einer speziellen Hormontherapie durch den Tierarzt, um weiteren Schädigungen durch die Dauerranz vorzubeugen.

Paarungsakt.
Fest verbeißt sich der Rüde in der Nackenhaut der Fähe.

12 Wochen alter iltisfarbener „Frechdachs" ...

Tragzeit und Geburt

Nach erfolgreicher Paarung sollte die Fähe einen eigenen Käfig bewohnen, damit sie während der Tragzeit möglichst ungestört ist, um ihre Jungen austragen zu können. Die gedeckte Fähe wird nun nervöser sein als sonst, mehr fressen, schlafen und auch schon mal aus Angst zuschnappen. Etwa zwanzig Tage nach der Befruchtung ist am Anschwellen des Körpers zu bemerken, daß sich die Föten im Mutterleib gebildet haben und nun anfangen zu wachsen. Von nun an sollten Sie die Fähe nur noch vorsichtig auf den Arm nehmen und vermeiden, daß der Bauch dabei zu stark gedrückt wird. Während der Tragzeit achten Sie unbedingt auf eine nährstoffreiche Ernährung mit ausreichendem Trinkwasserangebot und erhöhen sie gegebenenfalls Vitamin- und Kalkgaben. Die Tragzeit beträgt bei Frettchen ziemlich genau 42 Tage. Gegen Ende der Tragzeit verdicken sich die Milchleisten, und die Zitzen werden deutlich sichtbar, wobei etwa sechs bis acht Zitzen ausgebildet werden. Einige Tage vor der Geburt fängt die Fähe an in ihrer Schlafkiste ein höhlenartiges Nest zu bauen, indem die Welpen später geboren werden. Achten Sie deshalb darauf, daß Sie dem Tier etwa am 38. Tag der Trächtigkeit frisches Nistmaterial zur Verfügung stellen, um sicherzugehen, daß die Welpen in einem sauberen Nest zur Welt kommen. Kurz vor der Geburt wird die Fähe sichtlich träger, zeigt Freßunlust, trinkt aber sehr viel. Die Flanken am Hinterleib sind deutlich eingefallen, und das Gesäuge schleift meist auf dem Käfigboden.

Die Geburt erfolgt oft in der Nacht oder in den frühen Morgenstunden. Der Geburtsvorgang wird durch die erhöhte Unruhe der Fähe erkennbar. Kontraktionen der Gebärmutter sind ebenfalls von außen sichtbar. Die Fähe zieht sich nun in ihr Nest zurück, um dort auf der Seite liegend die Welpen zu gebären. Dabei preßt sie die Welpen aus dem Geburtskanal und zieht sie, wenn nötig, mit dem Maul heraus. Die etwa sechs bis sieben Zentimeter großen und neun bis elf Gramm schweren Welpen werden sofort nach dem Austritt aus der Vulva umsorgend abgeleckt. Die erscheinende Nachgeburt wird von der Fähe aufgefressen. Die dünne Nabelschnur wird vom Muttertier durchtrennt, damit die Welpen selbständig atmen können. In unregelmäßigen Abständen werden nun weitere Welpen geboren, wobei sich der Geburtsrhythmus wiederholt. Selten dauert der eigentliche Geburtsvorgang länger als drei bis vier Stunden. Nachdem auch der letzte Welpe geboren ist, wird der gesamte Wurf in die Nestkuhle getragen und anschließend gesäugt. In der Regel werden zwei bis zwölf Welpen geboren, wobei der Wurfdurchschnitt bei etwa sechs Jungtieren liegt. Die Welpen werden nackt geboren und zeigen alle eine leicht hautfarbene Färbung. Auch die später dunklen Iltisfrettchen sind bei der Geburt hell gefärbt und wechseln ihre Fellfarbe erst später. Etwa fünf Tage nach der Geburt läßt sich dann das sehr dünne, leicht glänzende Fell erkennen. Schon jetzt können Sie sehen, ob es sich bei den Welpen um

Albinos oder dunkle Frettchen handelt. Die winzigen schwarzen Augen der Iltisfrettchen schimmern durch die darüber liegende Haut, während bei Albinofrettchen in diesem Stadium keine Augen zu erkennen sind. Nach der Geburt sollten Sie das Nest vorsichtig kontrollieren. Locken Sie die Fähe mit einem Leckerbissen aus ihrer Wurfkiste. Am besten eignet sich hierfür etwas Sahnequark mit Eigelb, so daß Sie in Ruhe das Nest untersuchen können. Prüfen Sie, ob die Welpen unverletzt und lebendig sind. Entfernen Sie eventuell totgeborene Welpen und auch übriggebliebene Nachgeburtsreste. Vor solch einer Nestkontrolle sollten Sie sich unbedingt gründlich die Hände waschen oder noch besser Plastikhandschuhe tragen. Danach ist die Nestkontrolle in der ersten Lebenswoche nicht mehr nötig, sie würde die Mutter nur belästigen. Jetzt können Sie auch das sogenannte Nestgezwitscher hören. Dies sind leise Fiepstöne, die die Welpen von sich geben. Durch Belecken der Bauchregion löst die Mutter den Kot- und Urinabsatz bei den Welpen aus. Die Ausscheidungen werden von ihr bis etwa zur dritten Lebenswoche aufgefressen.

▲ *14 Tage alter Wurf - Noch sind die Welpen fast nackt und blind.*

Die Entwicklung der Welpen:
- *Foto auf Seite 83 oben links: 2 Tage, S.83 oben rechts : 14 Tage*
- *Foto auf Seite 83 mitte links: 21 Tage, S.83 mitte rechts: 28 Tage*
- *Foto auf Seite 83 unten links: 5 Wochen, S.83 unten rechts: 7 Wochen*

83

Die Entwicklung der Welpen

Wie schon erwähnt, kommen Frettchenwelpen völlig hilflos, nackt, blind und taub auf die Welt. Solche Neugeborenen, die scheinbar „unterentwickelt" geboren werden, nennt man Nesthokker. Die Welpen sind in den ersten Lebenswochen auf ihre Mutter besonders angewiesen. Diese säugt sie mit nährwertvoller Milch und frißt die Ausscheidungen auf, um so das Nest peinlich sauber halten zu können. Etwa ab der dritten Lebenswoche lösen sich die Welpen dann ganz gewöhnlich, so daß Sie die Schlafkiste täglich von Kothäufchen und Urinpfützen säubern müssen, um einer Infektionsgefahr vorzubeugen. Bis zu ihrem vierzehnten Lebenstag nehmen die Welpen ungefähr das sechs- bis siebenfache an Gewicht zu. Ab der dritten Lebenswoche allerdings reicht die Milchversorgung durch die Mutter nicht mehr aus, um den Hunger der Welpen zu stillen. Jetzt sollten Sie Fleisch in Breiform, angereichert mit Vitaminen, zufüttern, um eine optimale Entwicklung der Welpen zu sichern. Besonders bewährt hat sich hierbei fertiges Dosenfutter für Katzen.

Diese Kost ist für die jungen Frettchen jetzt außerordentlich wichtig, nicht nur allein, weil in dieser Phase auch die ersten Milchzähne wachsen. In der vierten Lebenswoche öffnen sich dann die bis dahin verschlossen gewesenen Gehörgänge. Die Augen öffnen die Jungtiere um den 30. Lebenstag, oftmals erst ein Auge, das andere einige Tage später, was ganz normal ist und keinen Anlaß zur Besorgnis gibt. Frettchen-

fähen sind gute Mütter. Sie ziehen ihre Jungen mit größter Sorgfalt und Besorgnis auf. Fühlt sich die Fähe gestört, so trägt sie jedes einzelne Jungtier am Nackenfell wieder in die Wurfkiste zurück. Dies passiert gerade dann, wenn die Jungen, etwa im Alter von drei bis vier Wochen, das erste Mal ihr Nest verlassen und beginnen, auf wackeligen Branten im Käfig umherzulaufen. Nachdem die Welpen die Augen geöffnet haben, sollten Sie für eine regelmäßige Futter- und Wassergabe sorgen. Füttern Sie die Welpen ab diesem Zeitpunkt ausreichend, ungefähr dreimal täglich. Achten Sie darauf, daß Sie den Welpen das Futter immer als Brei reichen, da sich die Kleinen an kleingeschnittenen Bröckchen allzugern verschlucken und dann jämmerlich ersticken können.

▲ *Frettchen-Fähen sind sehr gute Mütter.*

12 Tage alte Welpen

16 Tage alter Welpe

Siam-Welpe, 4 Wochen alt

Iltisfrettchen-Welpe, 5 Wochen alt

Frettchenfähen sind übrigens auch sehr gute Ammenmütter. Sie können unbesorgt Welpen, deren Mütter nicht genügend Milch besitzen oder gestorben sind, anderen säugenden Fähen unterlegen. Die Amme wird die fremden Jungtiere meist ohne Probleme aufziehen.

Etwa um den 20. Lebenstag färben alle bis dahin auch hellen Iltis- und Mutationsfrettchen ihr helles Fell in ihr typisches dunkles Haarkleid um. Bis zur Abgabe an neue, verantwortungsvolle Besitzer sollten die Welpen ungefähr acht bis zwölf Wochen lang bei der Mutter bleiben, um auch das wichtige Sozialverhalten innerhalb der Gruppe zu erlernen und um mit ihren Geschwistern spielen zu können. Zu früh von der Mutter abgesetzte Welpen bleiben meist in irgendeiner Weise unterentwickelt und werden auch nicht zahmer als Jungtiere, die erst mit gut zwei bis drei Monaten von der Mutter getrennt werden. Darüber hinaus ist es unverantwortlich, einen vier bis fünf Wochen alten Welpen von der Mutter zu trennen, da er jetzt „seine Familie" als Kontaktgruppe wesentlich mehr braucht, als einen Menschen.

▲ *Noch eine Rarität – 12 Wochen alte Pandailtis-Frettchen.*

Mutationen

Unter der Bezeichnung Mutationen werden alle Störungen und Veränderungen im Aufbau eines Genes zusammengefaßt. Gene sind die Informationsträger, die alle biochemischen Mitteilungen eines Organismus' enthalten und somit die einzelnen Eigenschaften bei den Lebewesen bestimmen. Es gibt zum Beispiel bestimmte Gene, die die Fellfarbe ausprägen, andere wiederum sind für die Größe oder das Gewicht verantwortlich. Störungen, wie etwa Umwelteinflüsse, Strahlen und veränderte Lebensverhältnisse, führen zu biochemischen Veränderungen auf den Genen. Diese mutierten Gene bilden dann nicht mehr die Eigenschaft aus, die unter normalen Umständen eintreten würde, sondern eine veränderte Form, die erst durch das Individuum erkennbar wird. In der Natur sind solche Exemplare meist nicht überlebensfähig, da sie zum Beispiel ein zu auffälliges Haar- oder Fellkleid tragen und somit von ihren Feinden sehr schnell ausselektiert würden. In der Zucht aber sind Mutationen, die meist zufällig auftreten, oft die Grundlage für die Züchtung neuer Farbschläge oder anderer Varietäten. Bedenken Sie nur die enorme Farbenpalette bei den heute vorkommenden Farmnerzen. Aus einer Standardfarbe wurde durch selektive Zucht eine Vielzahl von neuen Farbnerzen geschaffen.

Auch bei Frettchen treten in der letzten Zeit immer häufiger Tiere auf, die nicht typisch albinotisch oder iltisfarben gezeichnet sind. Am bekanntesten sind heute die sogenannten Siamfrettchen, die anstatt der schwarzen Granne eine caramelfarbene bis rötlich gefärbte Granne und eine elfenbeinfarbene Unterwolle aufweisen. Diese herrlich anzusehende Mutation wird bei Heimtierhaltern und Züchtern immer beliebter und so weit durch geschickte Verpaarung gefestigt, daß immer mehr Tiere dieser schönen Farbvarietät angeboten werden. Eine weitere Farbvarietät bezeichnen Züchter als Harlekinfrettchen. Diese Frettchen tragen das typische Haarkleid der gewöhnlichen Iltisfrettchen, sind aber an ihrem großen weißen Brustfleck, den weißen Pfoten und einzelnen weißen Grannenhaaren zu erkennen. Auch Harlekinfrettchen gewinnen immer mehr an Popularität.

▲ Goldfarbenes Siam-Frettchen

Andere Mutationsfrettchen sind noch recht selten, wie zum Beispiel tiefschwarze Varietäten, reinweiße Tiere mit dunklen Augen, gescheckte Exemplare oder gar silbrig glänzende Tiere. Die neueste Mutation ist wohl das Angora-Frettchen. Diese Tiere haben ein sehr langes Deckhaar und sind wunderschön anzusehen. Leider sind diese Tiere aber noch sehr selten auf dem Heimtiermarkt. Mehr zu den Angroa-Frettchen auf Seite 99.

All jene Farben müssen, wenn sie zufällig in einem Wurf fallen, durch überlegte Verpaarung, die die Wahrscheinlichkeit erhöhen, daß diese neuen Mutationen wieder auftreten können, genetisch gefestigt werden. Etliche Züchter sehen ihren ganzen Ehrgeiz darin, möglichst viele dieser Farbvarietäten zu züchten, um neben den bekannten Standardfarben interessante Neuzüchtungen pflegen zu können, die nicht jeder besitzt. Sicherlich ist dies eine lohnende Idee, die sich im Endeffekt auch für die Haustierhalter positiv auswirkt. Diesen wird bald die Möglichkeit gegeben, unter vielen verschiedenen Farb- und Fellvarietäten jenes Frettchen auszuwählen, das dem persönlichen Geschmack am meisten entspricht.

▲ *Weißes Frettchen mit schwarzen Augen - noch eine sehr seltene Mutation*

Angora-Albino

Royal orange-Angora

Light pastel-Angora

Dark pastel-Angora

Yellow-Kurzhaar

Iltisfrettchen-Kurzhaar

Silver yellow-Kurzhaar

Sabel-Angora

Silver-Angora

Blackself-Angora

Das Frettchen im Verein

Allgemeines

Immer mehr Menschen haben Freude daran, Frettchen als Haustiere zu halten. Was liegt näher, als daß sich diese Frettchen-Freunde zusammenschließen und ihr Hobby gemeinsam betreiben in Form eines Vereins.

In Deutschland gibt es seit geraumer Zeit mehrere Vereinigungen, welche sich mit Frettchen beschäftigen. Im Anhang des Buches finden Sie die Adressen einiger Frettchen-Clubs. Die Vereine beschäftigen sich hauptsächlich mit der Haltung und Zucht von Frettchen und anderen marderartigen Tieren. Sie informieren Interessenten über die artgerechte Haltung, Fütterung, Erziehung und Zucht von Frettchen. Die Mitglieder vermitteln ausgesetzte oder mißhandelte Tiere in gute Hände weiter und halten Adressen von Tierärzten bereit, die sich mit Frettchen und deren Behandlung auskennen. Außerdem stehen während der Urlaubszeit etliche Pflegeplätze zur Verfügung. Schlußendlich kann man Zubehör wie Spezialgeschirre, Leinen, Frettchentoiletten und dergleichen käuflich erwerben. Kurz und gut: Die Vereine geben sich Mühe, der Art Frettchen das Leben ein wenig leichter zu machen, insbesondere durch intensive Aufklärungsarbeit.

▲ *Regelmäßig richten die Vereine Bewertungsschauen aus, an denen jeder Frettchen-Freund teilnehmen kann. Ein interessantes Ereignis, daß das Haustier „Frettchen" auch der Öffentlichkeit näher bringt.*

95

Mitglied im Frettchen-Verein

Vor einigen Jahren noch war man ein als Wunderling nicht ganz ernstzunehmender Einzelkämpfer, wenn man ein Frettchen als Haustier hielt. Man war mit seinen Fragen und Problemen ganz allein auf sich selbst angewiesen.

Heute kann man als Club-Mitglied mit Gleichgesinnten Informationen austauschen und sein Wissen ergänzen oder an andere weitergeben. Da die meisten Vereine gemeinnützig sind, kommen die Mitgliedsbeiträge in vollem Umfang den Mitgliedern und Tieren zugute. Oftmals arbeiten Vorstandsmitglieder und Helfer ehrenamtlich. Wenn Sie sich durch die Arbeit der Vereine angesprochen fühlen und einen aktiven Beitrag zum Schutz der marderartigen Raubtiere leisten möchten, so können Sie sich über eine Mitgliedschaft beim jeweiligen Ansprechpartner erkundigen.

Zuchtarbeit im Verein

Die Tiere, die von den Mitgliedern zur Zucht verwandt werden, sind sorgfältig nach Wesen und Erscheinungsbild ausgesucht. Somit will man erreichen, daß nur zahme, gesunde und hübsche Frettchen gezüchtet werden und daß Inzucht möglichst vermieden wird. Die Welpen werden im ständigen Kontakt zu Menschen aufgezogen. Dabei achten die Züchter auf eine ausgewogene Ernährung. Schließlich achten die Vereine darauf, daß die Welpen nicht zu früh von der Mutter-Fähe getrennt werden, damit diese den sozialen Kontakt, den die Jungtiere in den ersten Lebenswochen brauchen, auch wirklich erhalten.

▲ Besonders helles "Light Pastel"-Angorafrettchen. Erfolgreiche Nachzucht durch gezielte Verpaarung.

Rassemerkmale

Ein sogenannter Zucht- und Bewertungs-Standard beschreibt, wie ein gesundes, zahmes und natürliches Frettchen aussehen soll. Der Standard beschreibt auch die verschiedenen Farbschläge, die wichtig für die Einteilung in verschiedene Bewertungsklassen sind. Die meisten Vereine richten nämlich einmal pro Jahr eine Bewertungsschau aus, auf der sämtliche Frettchenbesitzer ihre Tiere von erfahrenen Preisrichtern nach folgenden Richtlinien bewerten lassen können. Solch eine Schau ist immer ein spannendes Ereignis. Nicht das Gewinnen steht im Vordergrund, sondern das Austauschen von Erfahrungen und das Beisammensein vieler verschiedener Frettchen-Freunde.

Wer an einer Ausstellung teilnehmen möchte, kann die Ausstellungsbedingungen der Vereine gerne anfordern.

Grundlagen für die Bewertung

Typ
Langgestreckter, kräftiger und harmonischer Körper auf kurzen stämmigen Branten. Der Rüde soll kräftig und muskulös gebaut sein, die Fähe schlank und eleganter. Die Rute sollte etwa halb so lang sein wie der Körper und nicht zu dünn. (Otterrute ist erwünscht, kein Rattenschwanz)

Kopf
Kräftiger runder Schädel mit stumpfer Nase. Er sollte eher dem einer Katze als dem einer Ratte ähneln. Beim Rüden soll er breit, kurz und stumpf sein. Bei der Fähe darf er länger und schmaler sein, muß aber nicht. Das Gebiß soll kräftig, weiß und gesund sein. Auf korrekte Zahnstellung und Vollständigkeit wird Wert gelegt.

Fell
Unabhängig von der Farbe ist ein langes weiches und dichtes Fell mit flauschiger, dichter Unterwolle und langen, glatten Grannen erwünscht. Die Behaarung soll in Dichte und Farbe gleichmäßig sein.

Charakter
Alle Frettchen sollten freundlich, friedlich und absolut zahm sein. Lebhaftigkeit oder extreme Ruhe sind keine Fehler. (Ein Frettchen darf gern auf dem Richtertisch einschlafen.) Hektisches Verhalten, Hysterie und Panik gehen allerdings über den Rahmen der Lebhaftigkeit hinaus. Aggressivität kann zur Disqualifikation führen, wenn das Frettchen von den Richtern nicht mehr handhabbar ist.

Farbschläge

Iltis:

Tier mit weißer, beiger oder gelblicher Unterwolle und braunen bis schwarzen Grannen. Heller Unterwolle wird vor dunkler der Vorzug gegeben. Je dunkler das Deckhaar, desto besser. Der Nasenspiegel soll rosa sein, darf jedoch pigmentiert sein. Die Maske kann verschiedene Formen haben.

Albino:

Weißes Tier mit roten Augen. Das Fell sollte möglichst reinweiß und gleichmäßig durchgefärbt sein.

Siam:

(Auch: Light pastel, Dark pastel, Royal orange, Yellow, Sabel)

Frettchen mit weißer, gelber oder beiger Unterwolle und hellrötlich bis hellbraunem Deckhaar. Je stärker die Zimtfarbe ausgeprägt ist, desto besser. Die Maske soll klar und möglichst deutlich sein.

Steppeniltis/Silver:

Frettchen mit weißer Unterwolle und hellbraunem Deckhaar. Je stärker die braune Fellfarbe ausgeprägt ist, desto besser. Die Maske soll klar und möglichst deutlich sein. Steppeniltis-Frettchen werden leicht mit Siam-Frettchen verwechselt. Sehr deutlich unterscheiden sich beide Farb-Varietäten. Das Siam- erscheint nahezu goldgelb, das Steppeniltis-Frettchen dagegen grau.

Harlekin:

Jedes Tier mit angeborenem Scheckungsfaktor. Erwünscht sind: weißer Kehlfleck, weiße Pfoten, Schenkelflecken. Erlaubt ist Sichelhaar. Je klarer und deutlicher die Scheckung, desto besser wird das Tier bewertet. Die Maske darf fehlen.

Panda-Iltis:

Frettchen mit reinweißer Unterwolle und schwarzem, grauem oder silberfarbenem Deckhaar. Weiße Sichelhaare sind erlaubt, sofern sie gleichmäßig über den Körper verteilt sind. Wichtig ist, daß der Gesamteindruck leicht Silbergrau ist. Die Nase ist rosa, die Maske kaum ausgeprägt.

Blackself:

Extrem dunkles, fast schwarz gezeichnete Frettchen. Die Unterwolle ist dunkelgrau oder dunkelbraun. Die Maske soll sehr deutlich ausgeprägt sein.

Snow:

Reinweiße Frettchen mit schwarzen Augen. Auch leicht gelblich gefärbte Tiere mit dunklen Augen.

Angora-Frettchen

Angroa-Frettchen sind eine der neuesten Züchtungen. Sie haben ein extrem langes Deckhaar und kaum Unterwolle. Typisch für Angoras ist, daß diese Frettchen meist größer und schwerer werden als kurzhaarige Tiere. Auch werden diese Tiere meist sehr zutraulich und besonders zahm. Die meisten Angoras werden in den skandinavischen Ländern gezüchtet, vor allem in Dänemark. Dort kommen die Tiere in verschiedenen Farben vor.

In Deutschland sind die langhaarigen Frettchen aber noch sehr selten.Es ist anzunehmen, daß sich die Angoras in den nächsten Jahren immer mehr verbreiten werden, da sie als Haus-Frettchen sehr geeignet sind. Auf den Seiten 90 bis 94 können sie einige Exemplare betrachten. Die Fotos wurden im Winter aufgenommen, dann wenn die Angoras ein herrlich langes Winterfell tragen. Im Sommer ist auch deren Fell nicht so dicht wie in der kalten Zeit.

Light pastel-Angora

Adressen, die weiterhelfen

Frettchen-Vereine geben Frettchen-besitzern oder denjenigen, die es werden möchten, gerne Auskünfte über Anschaffung, Haltung, Pflege und Zucht. Hier erfährt man auch Adressen von Züchtern, die zur Zeit Jungtiere abgeben oder in Kürze Frettchen-Nachwuchs erwarten.

1. Bundesverband der Frettchen-Freunde Deutschlands
Geschäftsstelle Frankfurt am Main
Dürkheimerstraße 72
D-65934 Frankfurt am Main
Tel. (01777) 391 547

Frettchen Club Berlin e.V.
Kerstin Fritsch
Düsseldorfer Straße 14
D-10719 Berlin
Tel. (030) 88 39 79 3

Frettchenfreunde an der Weser
Kerstin Steenken
Heidstraße 73
D-28790 Schwanewede
Tel. (0421) 68 33 40

Frettchen und Marder Club Deutschland e.V.
Astrid Hauwetter
Wietzegraben 60
D-30179 Hannover
Tel. (0511) 606 27 00

Frettchen Club NRW e.V.
Michael Kalle
Bauernkamp 46
D-44339 Dortmund
Tel. (0172) 80 82 85 3

Internationaler Iltis- und Frettchenclub
Birgitt Blank
In der großen Heide 6
D-44339 Dortmund
Tel. (0231) 85 84 87

Frettchenfreunde Rhein-Ruhr
Ulrich Kerkmann
Karolinenstr. 9
D-46049 Oberhausen
Tel. (0208) 29 27 27

Frettchen und Frettier Club Deutschland e.V.
Wolfgang Schneider
Alte Frankfurter Straße 40
D-61118 Bad Vilbel
Tel. (06101) 85 95 9

Frettchen Freunde Hessen
(früher: Frettchen Freunde Hanau)
Gabi Grabosch
Friedberger Straße 98
D-61118 Bad Vilbel
Tel. (06101) 63 77 oder (06187) 66 83

Frettchenfreunde Schwaben e.V.
Thomas Alt
Sparrhärmlingweg 64
D-70376 Stuttgart
Tel./Fax (0711) 54 90 888

Frettchen- und Marderhilfe Baden-Württemberg
Tanja Steinbach
Forststraße 10
D-74376 Gemmrigheim
Tel. (07143) 950 25

Frettchenfreunde Schwarzwald Baar
Silke Fortier
Königsberger Str. 35
D-78073 Bad Dürrheim
Tel. (07726) 77 87

Frettchenfreunde Bayern
Rene Weis
Haslacher Berg 4
D-87435 Kempten
Tel. (0831) 20 21 15

S.F.F.S Swiss Fancy Ferret Society
Urs Murbach
Hardtstraße 41
CH-5432 Neuenhof

Tierärztlicher Rat:
Dr.med.vet. Kai Weber
Kreuzbergstr.60
D-66346 Püttlingen
Tel. (06898) 62 09 7

Infos zu Angora-Frettchen:
Firma Sollerod tropehave
Oster Voldgade 34
DK-1350 Kopenhagen
Tel. (0045) 33 14 83 00
Fax (0045) 46 76 83 00
(Anfragen in englischer Sprache)

Frettchen im INTERNET

KACH-Verlag
Frettchen als Haustiere:

http://www.Frettchen.de

Quellenverzeichnis

Die Ausführungen über das Frettchen stützen sich zum größten Teil auf die Erfahrungen des Autors. Trotzdem liegen diesem Buch einige Quellen zugrunde, die es ihm ermöglicht haben, seine Ausführungen zu ergänzen.

Rosenthal, K. (1994): Ferrets.
In: Quesenberry, K.E. und Hillyer, E.V. (Hrsg.): Exotic Pet Medicine. The Veterinary Clinics of North America (Small animal Practice), 24 (1).

Waltham Forschung für Heimtiernahrung, D-20148 Hamburg. „Wenn eine Katze ins Haus kommt"

Ein Herz für Tiere, Nordendstraße 46, D-80801 München, Broschüre: „Frettchen als Haustiere", 1984

Engel, Peter, „Frettchen und Frettieren", Verlag Dieter Hoffmann, Mainz, 1984

Grzimek, Bernhardt, „Grzimeks Tierleben", Band 12, Säugetiere Band 3, Zürich, 1972

Sander, Bernhard Dr., „Iltisse. Zucht und Haltung", Animal Verlag Burgdorf, 1983

Winsted, Wendi, „Ferrets", 1981, TFH Publications, Inc., 211 West Sylvania Ave., Neptune City, NJ 07753

Deck-Wurf-Tabelle

Januar	1	2	3	4	5	6	7	8	9	10	11
Februar	*12*	*13*	*14*	*15*	*16*	*17*	*18*	*19*	*20*	*21*	*22*
Januar	12	13	14	15	16	17	18	19	20	21	22
Februar	*23*	*24*	*25*	*26*	*27*	*28* *März 1*	*2*	*3*	*4*	*5*	
Januar	23	24	25	26	27	28	29	30	31		
März	*6*	*7*	*8*	*9*	*10*	*11*	*12*	*13*	*14*		
Februar	1	2	3	4	5	6	7	8	9	10	11
März	*15*	*16*	*17*	*18*	*19*	*20*	*21*	*22*	*23*	*24*	*25*
Februar	12	13	14	15	16	17	18	19	20	21	22
März	*26*	*27*	*28*	*29*	*30*	*31* *April 1*	*2*	*3*	*4*	*5*	
Februar	23	24	25	26	27	28					
April	*6*	*7*	*8*	*9*	*10*	*11*					
März	1	2	3	4	5	6	7	8	9	10	11
April	*12*	*13*	*14*	*15*	*16*	*17*	*18*	*19*	*20*	*21*	*22*
März	12	13	14	15	16	17	18	19	20	21	22
April	*23*	*24*	*25*	*26*	*27*	*28*	*29*	*30* *Mai 1*	*2*	*3*	
März	23	24	25	26	27	28	29	30	31		
Mai	*4*	*5*	*6*	*7*	*8*	*9*	*10*	*11*	*12*		
April	1	2	3	4	5	6	7	8	9	10	11
Mai	*13*	*14*	*15*	*16*	*17*	*18*	*19*	*20*	*21*	*22*	*23*
April	12	13	14	15	16	17	18	19	20	21	22
Mai	*24*	*25*	*26*	*27*	*28*	*29*	*30*	*31* *Juni 1*	*2*	*3*	
April	23	24	25	26	27	28	29	30			
Juni	*4*	*5*	*6*	*7*	*8*	*9*	*10*	*11*			
Mai	1	2	3	4	5	6	7	8	9	10	11
Juni	*12*	*13*	*14*	*15*	*16*	*17*	*18*	*19*	*20*	*21*	*22*
Mai	12	13	14	15	16	17	18	19	20	21	22
Juni	*23*	*24*	*25*	*26*	*27*	*28*	*29*	*30* *Juli 1*	*2*	*3*	
Mai	23	24	25	26	27	28	29	30	31		
Juli	*4*	*5*	*6*	*7*	*8*	*9*	*10*	*11*	*12*		
Juni	1	2	3	4	5	6	7	8	9	10	11
Juli	*13*	*14*	*15*	*16*	*17*	*18*	*19*	*20*	*21*	*22*	*23*
Juni	12	13	14	15	16	17	18	19	20	21	22
Juli	*24*	*25*	*26*	*27*	*28*	*29*	*30*	*31* *Aug.1*	*2*	*3*	
Juni	23	24	25	26	27	28	29	30			
August	*4*	*5*	*6*	*7*	*8*	*9*	*10*	*11*			

Juli	1	2	3	4	5	6	7	8	9	10	11
August	*12*	*13*	*14*	*15*	*16*	*17*	*18*	*19*	*20*	*21*	*22*
Juli	12	13	14	15	16	17	18	19	20	21	22
August	*23*	*24*	*25*	*26*	*27*	*28*	*29*	*30*	*31 Sept. 1*		*2*
Juli	23	24	25	26	27	28	29	30	31		
September	*3*	*4*	*5*	*6*	*7*	*8*	*9*	*10*	*11*		
August	1	2	3	4	5	6	7	8	9	10	11
September	*12*	*13*	*14*	*15*	*16*	*17*	*18*	*19*	*20*	*21*	*22*
August	12	13	14	15	16	17	18	19	20	21	22
September	*23*	*24*	*25*	*26*	*27*	*28*	*29*	*30*	*Okt.1*	*2*	*3*
August	23	24	25	26	27	28	29	30	31		
Oktober	*4*	*5*	*6*	*7*	*8*	*9*	*10*	*11*	*12*		
September	1	2	3	4	5	6	7	8	9	10	11
Oktober	*13*	*14*	*15*	*16*	*17*	*18*	*19*	*20*	*21*	*22*	*23*
September	12	13	14	15	16	17	18	19	20	21	22
Oktober	*24*	*25*	*26*	*27*	*28*	*29*	*30*	*31 Nov. 1*		*2*	*3*
September	23	24	25	26	27	28	29	30			
November	*4*	*5*	*6*	*7*	*8*	*9*	*10*	*11*			
Oktober	1	2	3	4	5	6	7	8	9	10	11
November	*12*	*13*	*14*	*15*	*16*	*17*	*18*	*19*	*20*	*21*	*22*
Oktober	12	13	14	15	16	17	18	19	20	21	22
November	*23*	*24*	*25*	*26*	*27*	*28*	*29*	*30 Dez.1*		*2*	*3*
Oktober	23	24	25	26	27	28	29	30	31		
Dezember	*4*	*5*	*6*	*7*	*8*	*9*	*10*	*11*	*12*		
November	1	2	3	4	5	6	7	8	9	10	11
Dezember	*13*	*14*	*15*	*16*	*17*	*18*	*19*	*20*	*21*	*22*	*23*
November	12	13	14	15	16	17	18	19	20	21	22
Dezember	*24*	*25*	*26*	*27*	*28*	*29*	*30*	*31 Jan. 1*		*2*	*3*
November	23	24	25	26	27	28	29	30			
Januar	*4*	*5*	*6*	*7*	*8*	*9*	*10*	*11*			
Dezember	1	2	3	4	5	6	7	8	9	10	11
Januar	*12*	*13*	*14*	*15*	*16*	*17*	*18*	*19*	*20*	*21*	*22*
Dezember	12	13	14	15	16	17	18	19	20	21	22
Januar	*23*	*24*	*25*	*26*	*27*	*28*	*29*	*30*	*31 Feb.1*		*2*
Dezember	23	24	25	26	27	28	29	30	31		
Februar	*3*	*4*	*5*	*6*	*7*	*8*	*9*	*10*	*11*		

Zur Erläuterung der Deck-Wurf-Tabelle

Mit dieser Tabelle läßt sich der voraussichtliche Wurftag bestimmen. Man liest zuerst das Datum der Paarung ab, dann den darunter stehenden Wurftag (In dieser Tabelle *kursiv* gesetzt). Beispiel: Eine Fähe wurde am 1.März gedeckt, dann ist mit dem Wurf am 12. April zu rechnen. Beispiel gerechnet mit durchschnittlich 42 Tagen Tragzeit.

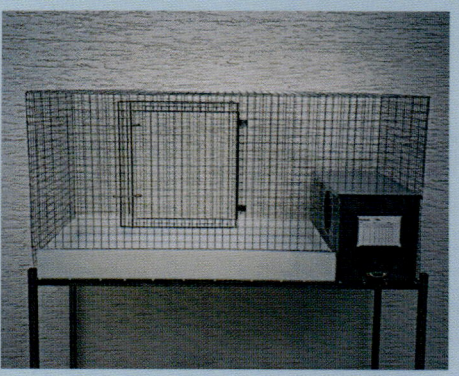
104